AF346988

CONSERVATOIRE NATIONAL

DE

MUSIQUE & DE DÉCLAMATION

BASSES & CHANTS

DONNÉS AUX

EXAMENS & CONCOURS

DES

CLASSES D'HARMONIE & D'ACCOMPAGNEMENT

(Années 1827-1900)

RECUEILLIS PAR

Constant PIERRE

SOUS-CHEF DU SECRÉTARIAT

PARIS

AU MÉNESTREL, 2bis, rue Vivienne, HEUGEL & Cie

ÉDITEURS-PROPRIÉTAIRES POUR TOUS PAYS

1900

BASSES & CHANTS

DONNÉS

AUX EXAMENS & CONCOURS

DES

CLASSES D'HARMONIE & D'ACCOMPAGNEMENT

(Années 1827-1900)

PAR

Bazin, Benoist, Cherubini, Léo Delibes, Théodore Dubois, Fissot,
César Franck, E. Guiraud, F. Halévy, Leborne, Ambroise Thomas
et Ch.-M. Widor.

RECUEILLIS PAR

Constant PIERRE

SOUS-CHEF DU SECRÉTARIAT

Prix net : 10 francs

PARIS

AU MÉNESTREL, 2bis, rue Vivienne, HEUGEL & Cⁱᵉ

ÉDITEURS-PROPRIÉTAIRES POUR TOUS PAYS

SOMMAIRE

AVERTISSEMENT

Comme pour les *Sujets de fugue*, un double objectif a déterminé la formation de ce recueil qui renseigne à la fois sur la nature des épreuves imposées dans les classes d'harmonie et dans celles d'accompagnement du Conservatoire national de musique de Paris depuis plus de 70 ans et procure des sujets d'exercices. L'étude de l'harmonie s'est développée de telle sorte et elle est parvenue à un tel degré que, malgré le nombre d'ouvrages publiés durant ces dernières années, les textes à réaliser sont en quantité insuffisante pour les besoins incessants de l'enseignement; ces ouvrages sont d'ailleurs de savants traités techniques plus que des recueils de leçons à mettre en pratique. Ici l'on ne trouve que des sujets de concours ou d'examens qui constituent, en quelque sorte, comme pour certains livres scolaires, la « partie de l'élève », alors que les réalisations des auteurs, publiées, formeraient la « partie du maître ».

Sans être complète, la collection que nous offrons comprend la majeure partie des thèmes donnés tant pour l'harmonie écrite, basses et chants, que pour son application pratique, basses chiffrées et chants à accompagner au piano, et ce n'est point sans de patientes recherches qu'il a été possible de parvenir à ce résultat, en raison des nombreuses lacunes que présentent les archives.

Des classes d'harmonie furent instituées dès la fondation du Conservatoire et, de l'an VI à 1814, puis en 1818 et 1819, les concours pour les récompenses produisirent des lauréats. Pour ces concours, aucune trace des sujets d'épreuves n'est restée.

Des classes distinctes, dites « d'harmonie et accompagnement pratique », existaient concurremment, dont le titre indique suffisamment le but et l'objet spécial. En 1823, à la demande de Cherubini, directeur de l'École, on fondit ces deux branches d'études en une seule, afin « de former des élèves à la fois bons harmonistes et bons accompagnateurs ». C'était limiter l'étude de l'harmonie aux seuls élèves qui cultivaient le piano. Cet état de choses subsista jusqu'en novembre 1839 où, sous la direction même de Cherubini, l'on revint à l'ancienne distinction comportant, d'une part, l'enseignement de l'harmonie écrite et, d'autre part, celui de l'harmonie appliquée au piano : il n'était plus indispensable d'être pianiste pour entreprendre l'étude de la science des accords. Dès 1840, les concours annuels pour les prix recommencèrent, et ils ne subirent plus qu'une seule interruption, conséquence des douloureux événements de 1870. Longtemps, les mêmes épreuves furent imposées aux concurrents des deux sexes; mais, depuis 1879, il y a des concours distincts pour les élèves-hommes et pour les élèves-femmes. Ils comprennent la réalisation à quatre parties vocales — très exceptionnellement il y en eut pour quatuor instrumental — d'une basse non chiffrée et d'un chant que les concurrents doivent écrire dans une seule séance de dix-huit heures, de six heures du matin à minuit ; autrefois le délai était de quinze heures. C'est donc, pour les quatre-vingts concours qui ont eu lieu, un total de 160 basses et chants qu'il y avait à rassembler. Nous en avons retrouvé 146 ; les lacunes portent sur la période 1841-1858, mais, à partir de 1859, la série est absolument complète ; toutefois, nous n'avons pas cru devoir reproduire les textes déjà publiés.

Parmi les réformes introduites, lorsque Ambroise Thomas prit la direction du Conservatoire, il faut signaler, outre l'institution des épreuves de dictée musicale pour le solfège et la division des classes par catégories d'élèves, chanteurs et instrumentistes, l'introduction d'une épreuve d'admissibilité au concours d'harmonie, faite sur un sujet unique pour tous les élèves. Elle consiste dans la réalisation à quatre parties vocales d'une basse et d'un chant enchaînés, communément appelés « basse et chant alternés », bien que l'un et l'autre soient, dans l'espèce, simplement successifs. Quatre heures sont accordées pour cette réalisation. La série des textes imposés depuis 1872 est ici complète.

On a vu que l'enseignement simultané de l'harmonie et de l'accompagnement au piano date des premières années de l'existence du Conservatoire et qu'il se donnait dans des classes indépendantes de l'harmonie écrite proprement dite. Dès le principe, le programme des classes d'harmonie et accompagnement pratique comporta l'étude de l'harmonie écrite comme pour les classes d'harmonie seule, et malgré le rétablissement de ces dernières, en 1839, on n'abandonna pas lesdites épreuves écrites. Ce n'est qu'avec la suppression des classes d'harmonie et d'accompagnement en 1878, et la création d'une classe d'accompagnement au piano, uniquement consacrée aux épreuves instrumentales, que cessa cet usage de la réalisation écrite. On n'admit plus à la classe d'accompagnement au piano que des élèves ayant préalablement passé par les classes d'harmonie et même participé aux concours pour les récompenses ; partant, le professeur n'eut plus à enseigner une matière faisant l'objet spécial de plusieurs autres classes.

Antérieurement à 1827 on ne retrouve aucun des sujets donnés à écrire aux concours annuels et, de la période 1827-1860, nous ne sommes parvenu à rencontrer que 19 textes ; à partir de 1861 il n'y a plus de lacunes jusqu'en 1878, époque de la suppression de la réalisation écrite. Au total c'est une nouvelle série de 61 sujets de concours, basses et chants donnés, qui s'ajoute à celle des concours d'harmonie seule.

Au nombre des matières spéciales à l'accompagnement pratique, il y a cinq sortes d'épreuves : la réduction au piano de la partition d'orchestre, la transposition d'une œuvre pour le piano dont le sujet est choisi dans le répertoire des opéras et opéras-comiques, l'exécution d'un fragment de musique de chambre (imposée depuis 1878), la réalisation au piano et à première vue, de basses chiffrées et de chants donnés, ces deux dernières se rattachant directement à l'harmonie.

Nul sujet de concours ou d'examen n'est connu, pour la *basse chiffrée*, avant 1830 ; on constate ensuite quelques lacunes, puis la série commence à être ininterrompue à partir de 1856. Notons que pour les concours des années 1865 à 1870, on fit usage de textes déjà imposés de 1848 à 1865, et que, de 1872 à 1880, il y eut un sujet particulier pour les élèves de chaque sexe, et enfin qu'à compter de 1881 on en revint au sujet unique pour tous les élèves. Longtemps on employa pour les deux examens semestriels des sujets donnés à des concours antérieurs, mais depuis 1880 on ne s'est plus servi d'anciens textes : il en fut composé pour chaque séance. Au résumé, c'est un total de 114 basses chiffrées qui ont subsisté. Quant aux *chants donnés* à accompagner à première vue, ils ne datent que de 1879, ce fut alors une épreuve nouvelle. La série en est complète tant pour les examens que pour les concours et elle fournit une suite de 63 textes.

Une publication de la réalisation des auteurs ou des principaux lauréats des concours serait le complément nécessaire de ce recueil de thèmes à traiter en ce qu'elle offrirait aux élèves un sujet d'analyses et un point de comparaison pour leurs essais. A défaut, nous avons cru devoir dresser une table indiquant le titre des ouvrages ou recueils contenant les textes en question réalisés à quatre parties. Les uns se trouvent dans différents traités d'harmonie; les autres, manuscrits autographes ou copies, sont conservés à la Bibliothèque du Conservatoire où ils peuvent être communiqués.

C. P.

Mai 1900.

TABLE ALPHABÉTIQUE

DES

AUTEURS

INDEX

DES

COLLECTIONS ET PUBLICATIONS

CONTENANT LES

RÉALISATIONS DES BASSES & CHANTS DONNÉS

1° *Manuscrits autographes ou copies :*

A. Recueil de réalisations autographes des auteurs, 1872-1899 (Archives du Secrétariat du Conservatoire).

B. Recueil de réalisations faites par les élèves lauréats des concours, 1859-1879, autographes (Bibliothèque du Conservatoire, vol. 21.955).

C. Recueil de réalisations faites par les élèves lauréats des concours, 1880-1888, autographes (Bibliothèque du Conservatoire, vol. 25.500).

D. Recueil de réalisations faites par les élèves lauréats des concours, 1888-1895, autographes (Bibliothèque du Conservatoire).

E. Recueil de réalisations faites par les élèves lauréats des concours, 1896-19..., autographes (Bibliothèque du Conservatoire).

F. Réalisations faites par les concurrents, 1859-1890, autographes (Bibliothèque du Conservatoire, carton).

G. Recueil de réalisations faites par les élèves lauréats des concours, 1859-1879, copie (Bibliothèque du Conservatoire, 1 vol.).

H. Recueil de réalisations faites par les élèves lauréats des concours, 1880-1895 (Bibliothèque du Conservatoire, vol. 28.329).

I. Réalisations faites par les élèves des classes d'harmonie et d'accompagnement, 1859-1878 (Bibliothèque du Conservatoire, carton).

2° *Ouvrages publiés :*

J. COLET. Partimenti ou traité spécial de l'accompagnement pratique (1846).

K. SAVARD. Cours complet d'harmonie théorique et pratique (Girod, 1853).

L. BAZIN. Cours d'harmonie théorie et pratique (1857).

M. REBER. Traité d'harmonie (Colombier, 1862).

N. LAVIGNAC. Recueil de 50 leçons d'harmonie (Lemoine, 1890).

O. TH. DUBOIS. 87 leçons d'harmonie (Heugel et Cᵉ, 1891).

P. BARTHE. 90 leçons d'harmonie, etc. (Leduc, 1897).

Q. CH. LENEPVEU. 100 leçons d'harmonie (Lemoine, 1898).

ANNÉES	NUMÉROS DES TEXTES	RÉALISATIONS
—	—	—
1840.	1.	J. 181.
	2.	J. 183.
1841.	3.	J. 184.
1842.	4.	J. 185, 187.
1843.	5.	J. 189, 191, 193.
	6.	J. 195.
1844.	7.	J. 197, 200, 203, 206, 207.
	8.	J. 198, 201, 204.
1845.	9.	J. 208, 212.
	10.	J. 210, 214.
1846.	11.	J. 216, 222.
	12.	J. 218, 220.
1847.	13.	J. 224, 226, 229, 233.
	14.	J. 228, 232.
1848.	15.	J. 236.
1850.	16.	J. 242, 245, 250.
	17.	J. 240, 248, 252.
1851.	18.	J. 255.
	19.	J. 256.
1852.	20.	M. 272.
	21.	M. 275.
1855.	24.	M. 279.
	25.	M. 281.
1859.	26.	F.
	27.	F.
1860.	28.	B. 20. F. G. 11. M. 284.
	29.	B. 18. F. G. 4. M. 286.
1861.	30.	B. 28. F. G. 16, 22.
	31.	B. 26. F. G. 19, 25.
1862.	32.	B. 41, 45. F. G. 28, 34.
	33.	B. 43, 47. F. G. 31, 37.
1863.	34.	B. 74, 82. F. G. 52, 57.
	35.	B. 70, 73. F. G. 54, 59.
1864.	36.	B. 94, 99. F. G. 68, 74.
	37.	B. 95, 101. F. G. 71, 77.
1865.	38.	B. 104, 112. F. G. 80, 86.
	39.	B. 105, 108. F. G. 83, 89.
1866.	40.	B. 115. F. G. 92.
	41.	B. 116. F. G. 94.
1867.	42.	B. 128, 131. F. G. 101, 105.
	43.	B. 129, 133. F. G. 103, 107.
1868.	44.	B. 135, 139. F. G. 109, 113.
	45.	B. 136, 141. F. G. 110, 114.
1869.	46.	B. 144, 149, 154. F. G. 117, 121, 125.
	47.	B. 143, 147, 152. F. G. 119, 123, 127.
1870.	48.	B. 162, 166. F. G. 129, 133.
	49.	B. 158, 170. F. G. 131, 135.
1872.	50.	B. 176. F. G. 137.
	51.	B. 174. F. G. 139.
1873.	52.	A. 1. B. 177, 182. F. G. 141, 147. O. 168.

XIV

ANNÉES	NUMÉROS DES TEXTES	RÉALISATIONS
1890.	108.	A. 156. D. 54, 64. F. H. 208, 214. O. 236. P. 148.
	109.	A. 160. D. 58, 66. F. H. 211, 217. O. 238. P. 150.
	110.	A. 163. D. 70. F. H. 220. Q. 133, 134.
	111.	A. 167. D. 72. F. H. 222. Q. 136, 137.
1891.	112.	A. 170. D. 78, 85, 89. F. H. 225, 231, 237. O. 240, 244. P. 152.
	113.	A. 172. D. 79, 81, 91. F. H. 228, 234, 240. O. 242, 246. P. 153.
	114.	D. 94. F. H. 243. O. 54. Q. 139, 141.
	115.	D. 98. F. H. 246. O. 96. Q. 143.
1892.	116.	A. 188. D. 101. F. H. 250. Q. 76.
	117.	A. 184. D. 103. F. H. 253. Q. 78.
	118.	A. 181. D. 106. F. H. 256. Q. 145.
	119.	A. 179. D. 108. F. H. 258. Q. 147.
1893.	120.	A. 192. D. 114, 121. F. H. 261, 265. P. 156.
	121.	A. 196. D. 115, 118. F. H. 264, 269. P. 158.
	122.	A. 199. D. 126. F. H. 271.
	123.	A. 201. D. 128. F. H. 273. Q. 149.
1894.	124.	A. 215. D. 134, 141. F. H. 276, 282. Q. 80.
	125.	A. 212. D. 138, 143. F. H. 278, 284. Q. 82.
	126.	A. 204. D. 146. F. H. 288. Q. 151.
	127.	A. 207. D. 150. F. H. 291. Q. 153.
1895.	128.	A. 219. D. 160. F. H. 294. P. 160.
	129.	A. 221. D. 162. F. H. 296. P. 162.
	130.	A. 225. D. 155. F. H. 361. Q. 155.
	131.	A. 227. D. 154. F. H. 343. Q. 156.
1896.	132.	A. 238. E. 6, 14. F. P. 164.
	133.	A. 247. E. 2, 10. F. P. 166.
	134.	A. 236. F.
	135.	A. 234. F.
1897.	136.	A. 246. E. 26, 38. F. Q. 84.
	137.	A. 249. E. 18, 34. F. Q. 86.
	138.	A. 258. F.
	139.	A. 254. F.
1898.	140.	A. 262. E. 46, 50, 58. F.
	141.	A. 266. E. 42, 54, 62. F.
	142.	A. 276. E. 74. F.
	143.	A. 270. E. 77. F.
1899.	144.	A. 280. E. 67. F.
	145.	A. 283. E. 69. F.
	146.	A. 288. E. 81, 87. F.
	147.	E. 84, 90. F.
1838.	176.	K. 190.
1830.	177.	K. 193.
	178.	K. 194.
1836.	181.	K. 195.
	182.	K. 196.
1837.	183.	K. 198.
	184.	K. 199.
1849.	189.	L. 346.
	190.	L. 347.
1850.	191.	L. 349.
	192.	L. 351.
1851.	193.	L. 353.
	194.	L. 355.
1854.	195.	L. 358.
	196.	L. 360.

ANNÉES	NUMÉROS DES TEXTES	DÉSIGNATIONS
1856.	197.	L. 362.
	198.	L. 364.
1857.	199.	L. 366, 370.
	200.	L. 368, 372.
1859.	201.	B. 6, 14. G. 1, 6. L.
	202.	B. 2, 10. G. 4, 9.
1861.	203.	L.
	204.	L.
1862.	205.	B. 50, 59. G. 40, 46. L.
	206.	B. 53, 63. G. 43, 49. L.
1863.	207.	B. 90. G. 62. L.
	208.	B. 86. G. 64. L.
1864.	209.	L.
	210.	L.
1865.	211.	L.
	212.	L.
1866.	213.	B. 120. G. 96. L.
	214.	B. 124. G. 99. L.
1867.	215.	L.
	216.	L.
1868.	217.	L.
	218.	L.
1869.	219.	L.
	220.	L.
1870.	221.	L.
	222.	L.
1872.	223.	L.
	224.	L.
1873.	225.	L.
	226.	L.
1874.	227.	L.
	228.	L.
1875.	229.	L. Q. 12.
	230.	L. Q. 36.
1876.	231.	A. 11. L.
	232.	A. 9. L.
1877.	233.	A. 51. L. Q. 89.
	234.	A. 47. L. Q. 91.
1878	235.	A. 14. L. Q. 92.
	236.	A. 19. L. Q. 94.

Table thématique

I.— BASSES DONNÉES

1ᵉ CONCOURS D'HARMONIE.

Nos.
1875 BAZIN.
56 58
1876 Allo Moderato. C. FRANCK.
58 60
1877 FISSOT.
60 62
1878 GUIRAUD.
62 64
1879 H. Moderato. GUIRAUD.
64 66
1879 F. Th. DUBOIS.
66 68
1880 H. Largement. L. DELIBES.
68 70
1880 F. Moderato. L. DELIBES.
70 72
1881 H. Moderato. GUIRAUD.
72 74
1881 F. L. DELIBES.
74 76
1882 H. GUIRAUD.
76 78
1882 F. Allo Moderato. Th. DUBOIS.
78 80
1883 H. Moderato. L. DELIBES.
80 82
1883 F. Moderato. TH. DUBOIS.
82 84

Nos.
1884 H. FISSOT.
84 86
1884 F. Tempo Giusto. L. DELIBES.
86 88
1885 H. Lent. GUIRAUD.
88 90
1885 F. Moderato. Th. DUBOIS.
90 92
1886 H. FISSOT.
92 94
1886 F. GUIRAUD.
94 96
1887 H. Tempo Giusto. L. DELIBES.
96 98
1887 F. Moderato. Th. DUBOIS.
98 100
1888 H. GUIRAUD.
100 102
1888 F. Moderato. Th. DUBOIS.
102 104
1889 H. très largement. L. DELIBES.
104 106
1889 F. GUIRAUD.
106 108
1890 H. Grave Moderato. BARTHE.
108
1890 F. FISSOT.
110

N°			N°		
112	1891 H. Maestoso.	BARTHE.	130	1895 F.	Th. DUBOIS. 120
114	1891 F. Moderato.	Th. DUBOIS. 113	132	1896 H. Moderato.	BARTHE.
116	1892 H. Moderato.	CH. LENEPVEU.	134	1896 F. Grave Moderato.	LAVIGNAC.
118	1892 F. Moderato.	FISSOT. 114	136	1897 H. Maestoso.	CH. LENEPVEU.
120	1893 H. Moderato.	BARTHE.	138	1897 F. Moderato.	LAVIGNAC.
122	1893 F.	Th. DUBOIS. 116	140	1898 H.	BARTHE.
124	1894 H. Moderato.	CH. LENEPVEU.	142	1898 F. Moderato.	X. LEROUX
126	1894 F.	FISSOT. 118	144	1899 H. Moderato sans lenteur.	CH. LENEPVEU.
128	1895 H. Grave Moderato.	BARTHE.	146	1899 F. Moderato.	LAVIGNAC.

2.e CONCOURS D'HARMONIE ET D'ACCOMPAGNEMENT.

N°			N°		
175	1827	CHERUBINI	176	1835	323
176	1828		181	1836	CHERUBINI.
172	1850		183	1857	
179	1854.1858	CHERUBINI	185	1859	

BASSES DONNÉES.

II.—CHANTS DONNÉS.

1º. CONCOURS D'HARMONIE.

2e CONCOURS D'HARMONIE ET D'ACCOMPAGNEMENT.

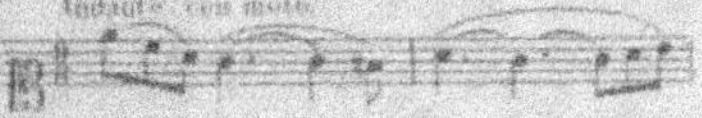

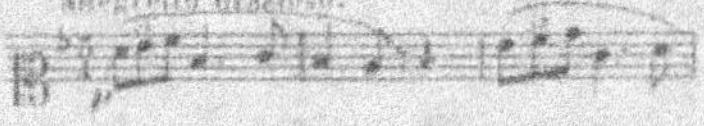

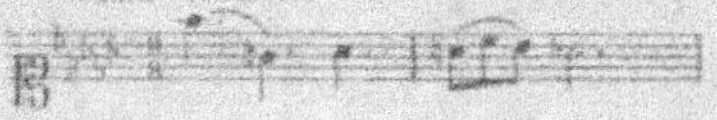

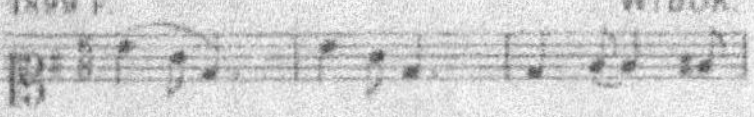

N°s
1839
186 155
1842 HALÉVY.
Andante.
188 157
1849 LEBORNE.
190 159
1850 LEBORNE.
Andante.
192 161
1851 LEBORNE.
Allegretto.
194 163
1852 LEBORNE.
22 24
1853
420 157
1854 LEBORNE.
Allegretto.
196 165
1856 LEBORNE.
198 167
1857 LEBORNE.
Andante.
200 165
1859 LEBORNE.
Moderato.
202 161
1861 LEBORNE.
Allegretto.
204 173
1862 LEBORNE.
Andante sostenuto.
206 175
1863 LEBORNE.
Cantabile.
208 178
N°s 1864 LEBORNE. Page
Agitato.
210 179
1865 LEBORNE.
Moderato.
212 181
1866 BENOIST.
All° Mod°
214 183
1867 BENOIST.
And° cantabile.
216 185
1868 BENOIST.
218 186
1869 BENOIST.
And° Mod°
220 188
1870 BENOIST.
Andante.
222 151
1872 BENOIST.
Moderato.
224 193
1873 BENOIST.
And° Moderato.
226 195
1874 Th. DUBOIS.
And° cantabile.
228 197
1875 Th. DUBOIS.
Allegretto.
230 199
1876 C. FRANCK.
Animation.
232 201
1877 FISSOT.
234 203
1878 L. DELIBES.
Moderato.
236 205

III.—BASSES ET CHANTS ALTERNÉS.

EXAMENS D'ADMISSION AU CONCOURS D'HARMONIE

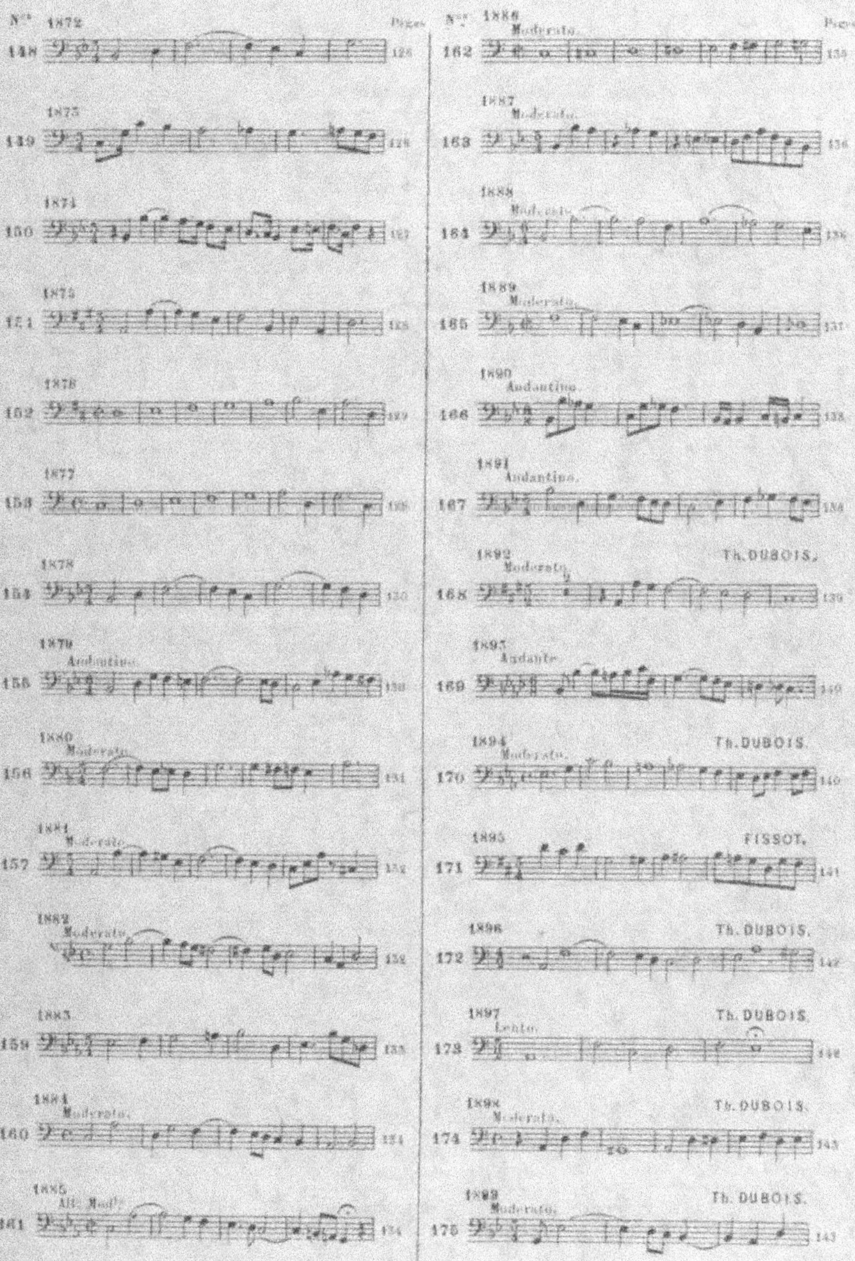

IV._ BASSES CHIFFRÉES.

1º CONCOURS D'ACCOMPAGNEMENT.

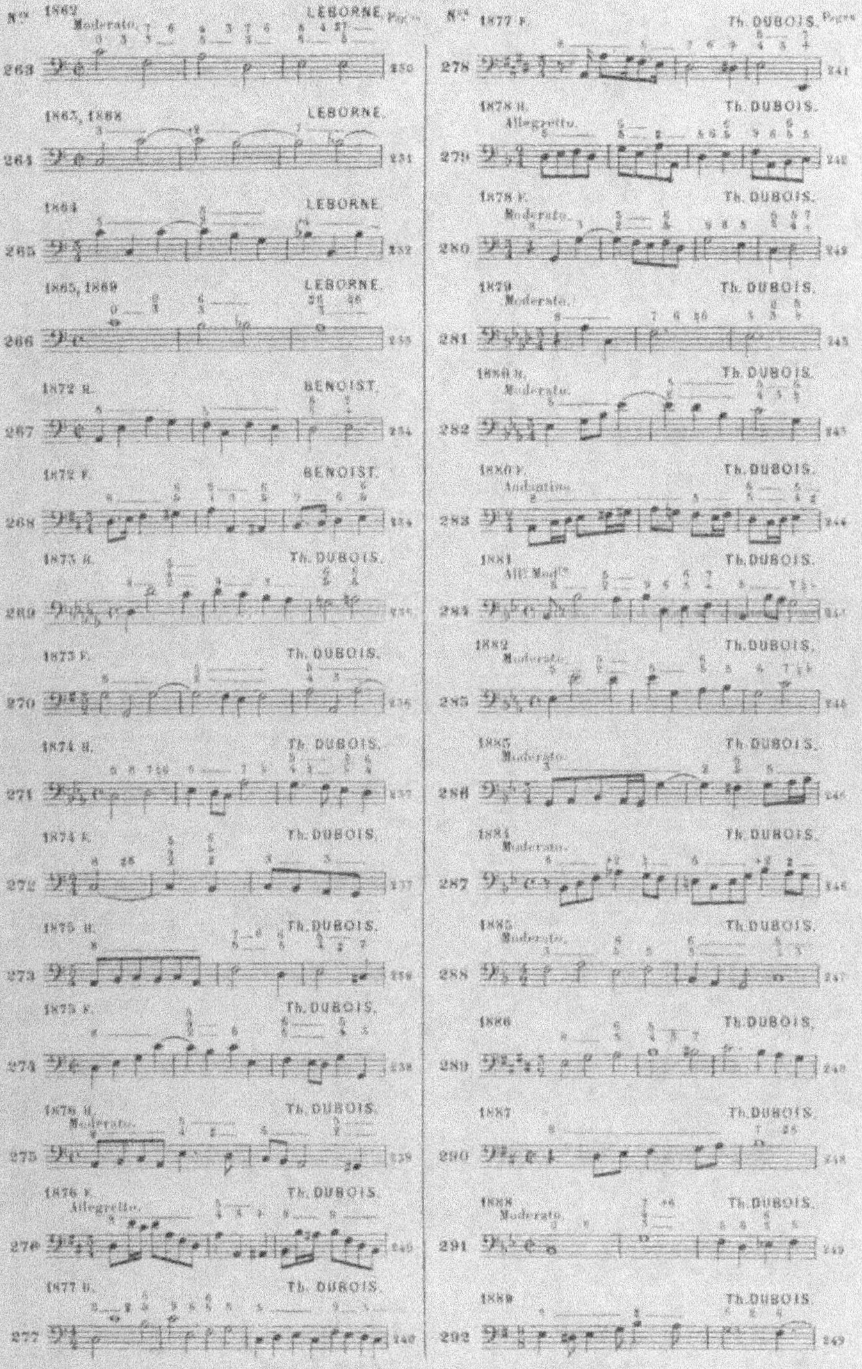

Nᵒˢ 1862   Moderato   LEBORNE, Pages
263   230
1863, 1868   LEBORNE
264   231
1864   LEBORNE
265   232
1865, 1869   LEBORNE
266   233
1872 H.   BENOIST.
267   234
1872 F.   BENOIST.
268   234
1873 H.   Th. DUBOIS.
269   235
1873 F.   Th. DUBOIS.
270   235
1874 H.   Th. DUBOIS.
271   237
1874 F.   Th. DUBOIS.
272   237
1875 H.   Th. DUBOIS.
273   238
1875 F.   Th. DUBOIS.
274   238
1875b H.   Moderato   Th. DUBOIS.
275   239
1876 F.   Allegretto   Th. DUBOIS.
276   240
1877 H.   Th. DUBOIS.
277   240

Nᵒˢ 1877 F.   Th. DUBOIS, Pages
278   241
1878 H.   Allegretto   Th. DUBOIS.
279   241
1878 F.   Moderato   Th. DUBOIS.
280   242
1879   Moderato   Th. DUBOIS.
281   242
1880 H.   Moderato   Th. DUBOIS.
282   243
1880 F.   Andantino   Th. DUBOIS.
283   244
1881   Allo Modto   Th. DUBOIS.
284   245
1882   Moderato   Th. DUBOIS.
285   245
1883   Moderato   Th. DUBOIS.
286   246
1884   Moderato   Th. DUBOIS.
287   246
1885   Moderato   Th. DUBOIS.
288   247
1886   Th. DUBOIS.
289   247
1887   Th. DUBOIS.
290   248
1888   Moderato   Th. DUBOIS.
291   248
1889   Th. DUBOIS.
292   249

BASSES CHIFFRÉES.

2ᵉ EXAMENS D'ACCOMPAGNEMENT.

BASSES CHIFFRÉES

V._CHANTS DONNÉS à accompagner à première vue.

1° CONCOURS D'ACCOMPAGNEMENT.

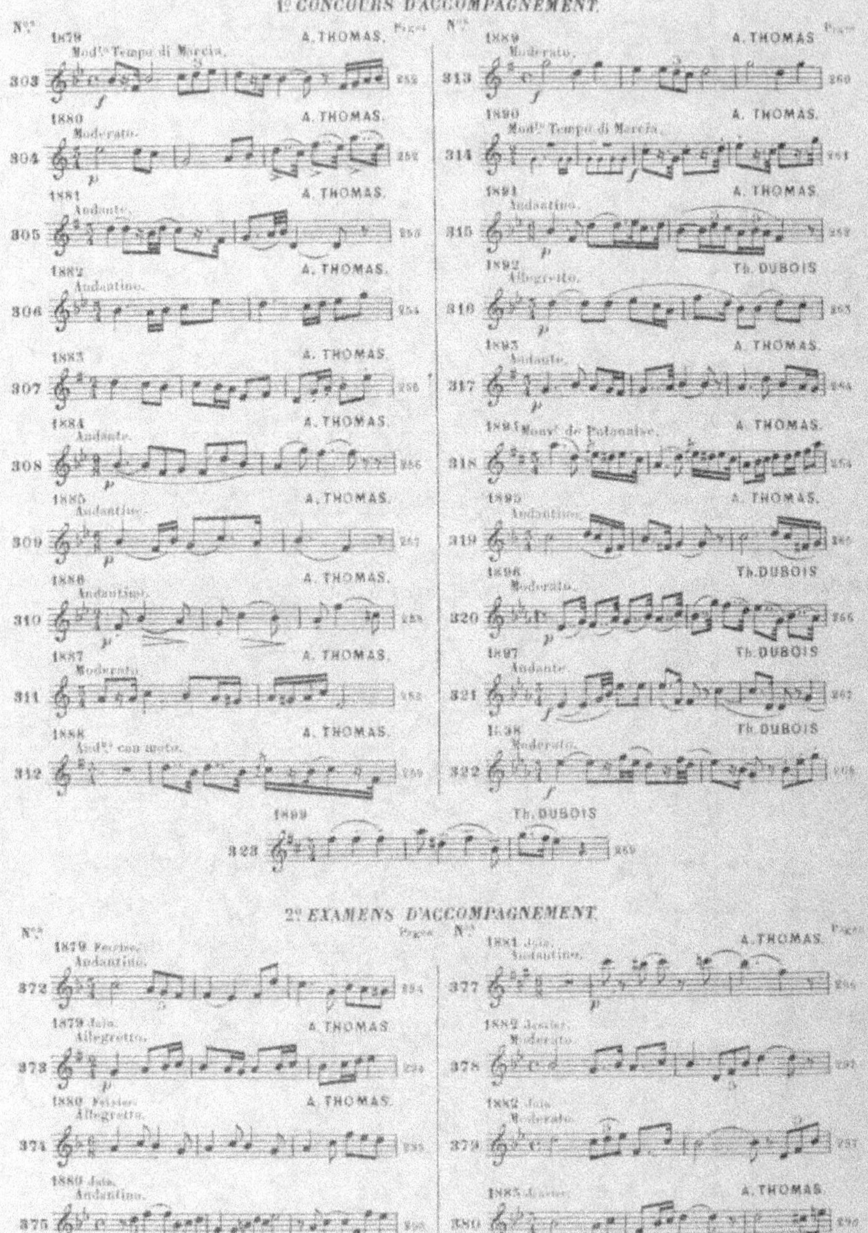

2° EXAMENS D'ACCOMPAGNEMENT.

N°	Date	Mouvement	Auteur	Page
382	1883 Janvier	Moderato	A. THOMAS	299
383	1884 Juin	Andante	A. THOMAS	299
384	1885 Janvier	And^te con moto	A. THOMAS	300
385	1885 Juin	Andantino	A. THOMAS	300
386	1886 Janvier	Andantino	A. THOMAS	301
387	1886 Juin		A. THOMAS	302
388	1887 Janvier	Marche	A. THOMAS	302
389	1887 Juin	Moderato	A. THOMAS	303
390	1888 Janvier	Moderato	A. THOMAS	304
391	1888 Juin	Andante	A. THOMAS	304
392	1889 Janvier	Andante	A. THOMAS	305
393	1889 Juin	Moderato	A. THOMAS	306
394	1890 Janvier	Andantino	A. THOMAS	306
395	1890 Juin	Moderato	A. THOMAS	307
396	1891 Janvier	Moderato	A. THOMAS	309
397	1891 Juin	And^te con moto	A. THOMAS	309
398	1892 Janvier	Andantino	A. THOMAS	310
399	1892 Juin	Andantino	Th. DUBOIS	310
400	1893 Janvier	And^te con moto	A. THOMAS	311
401	1893 Juin	Moderato	A. THOMAS	312
402	1894 Janvier	Moderato	A. THOMAS	312
403	1894 Juin	All^o Mod^to	A. THOMAS	313
404	1895 Janvier	Moderato	A. THOMAS	314
405	1895 Juin	And^te con moto	A. THOMAS	314
406	1896 Janvier	Andante	A. THOMAS	315
407	1896 Juin	Andantino	Th. DUBOIS	3..
408	1897 Janvier	Moderato	Th. DUBOIS	317
409	1897 Juin	Allegretto	Th. DUBOIS	318
410	1898 Janvier	Andante	Th. DUBOIS	318
411	1898 Juin	Andantino	Th. DUBOIS	319
412	1899 Janvier	Moderato	Th. DUBOIS	320
413	1899 Juin	All^o Mod^to	Th. DUBOIS	320
414	1900 Janvier	Moderato	Th. DUBOIS	321

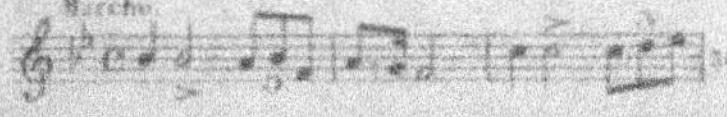

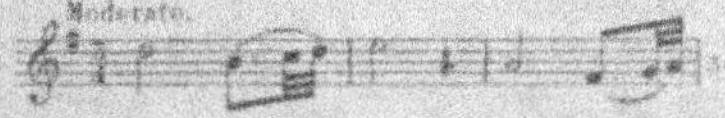

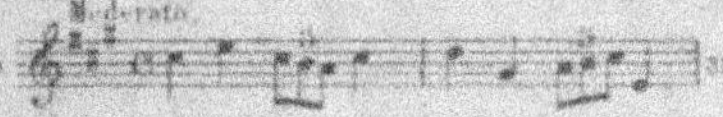

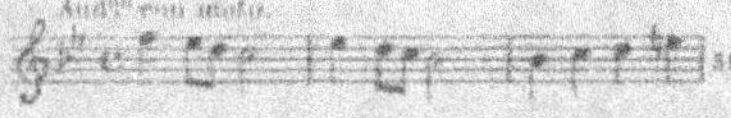

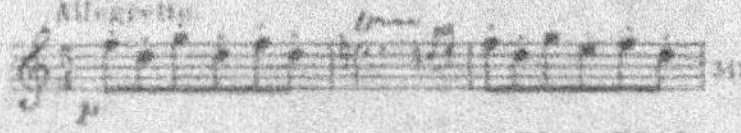

245.

CLASSES D'HARMONIE

1ᵉʳ

CONCOURS

BASSES ET CHANTS DONNÉS
(1840-1899)

———— ☆ ————

BASSE DONNÉE.

1840

CHERUBINI.

CHANT DONNÉ.

CHANT DONNÉ.

1841

3

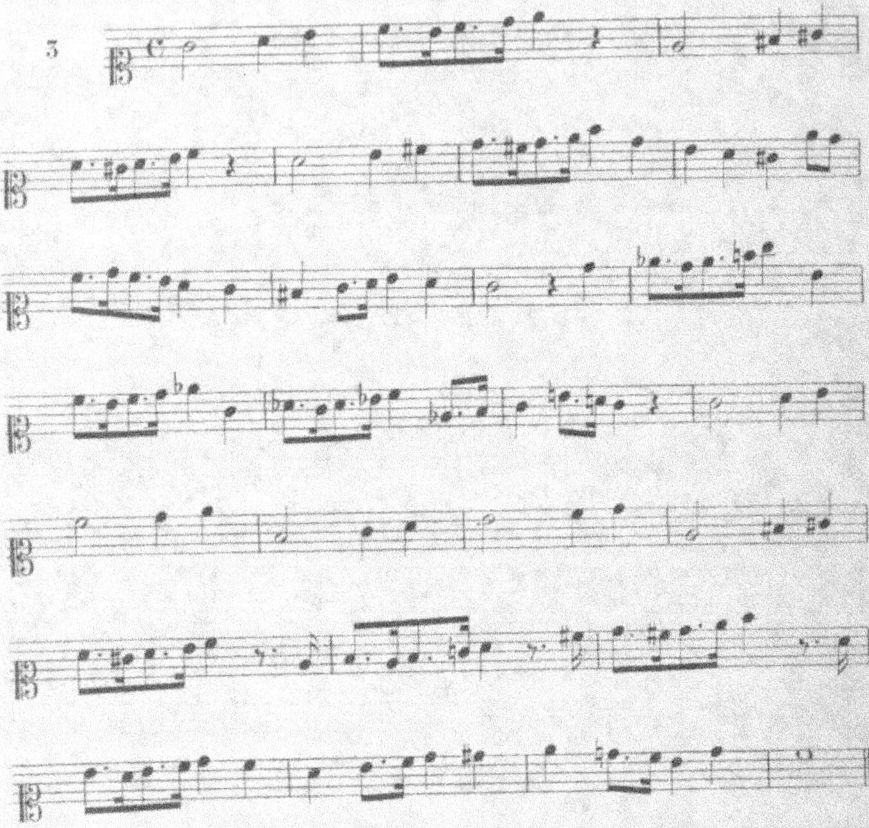

CHANT DONNÉ.

1842

4

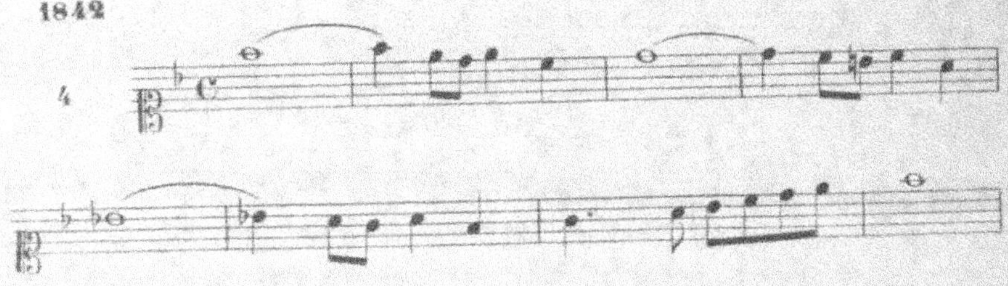

BASSE DONNÉE.

1843

CHANT DONNÉ.

BASSE DONNÉE.

1844

LEBORNE

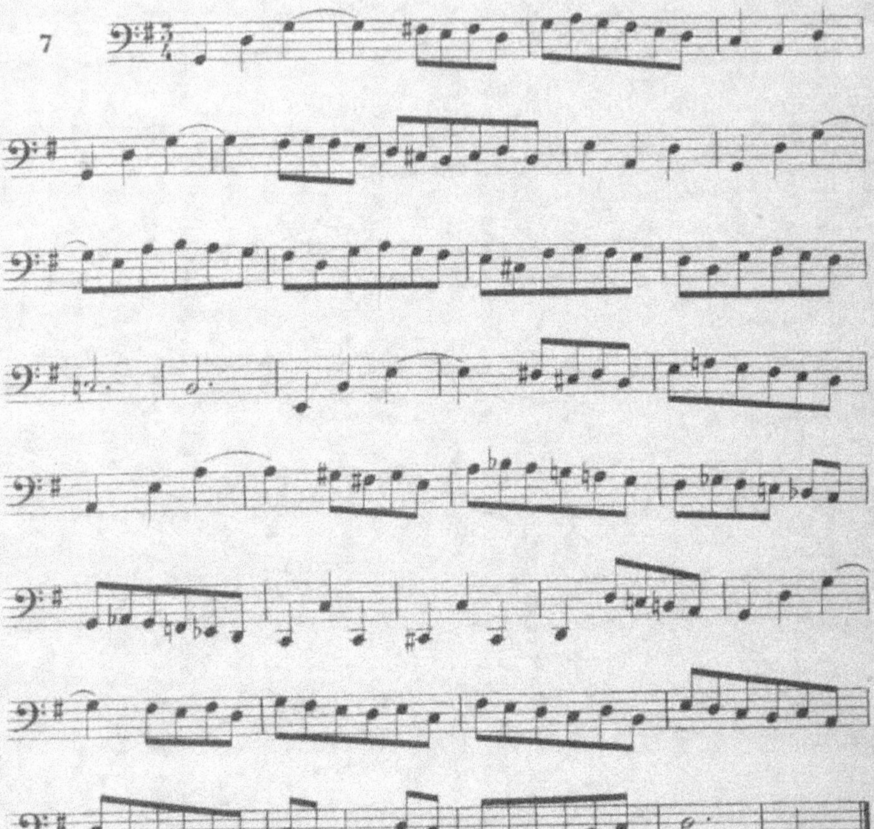

CHANT DONNÉ.

1844

LEBORNE.

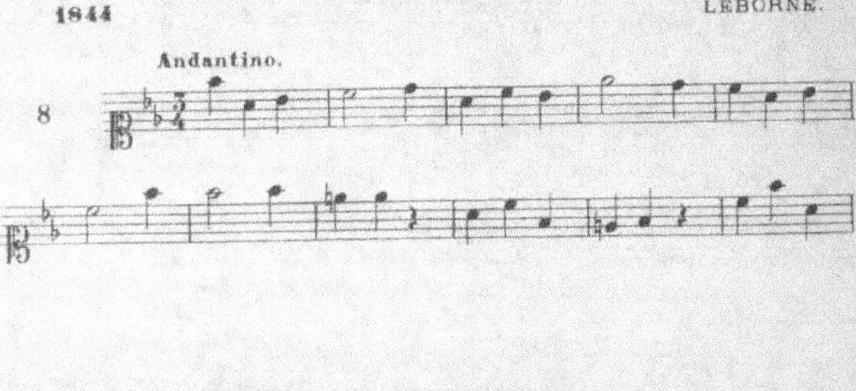

BASSE DONNÉE.

1845

CHANT DONNÉ.
(STYLE INSTRUMENTAL)

BASSE DONNÉE

1846

CHANT DONNÉ

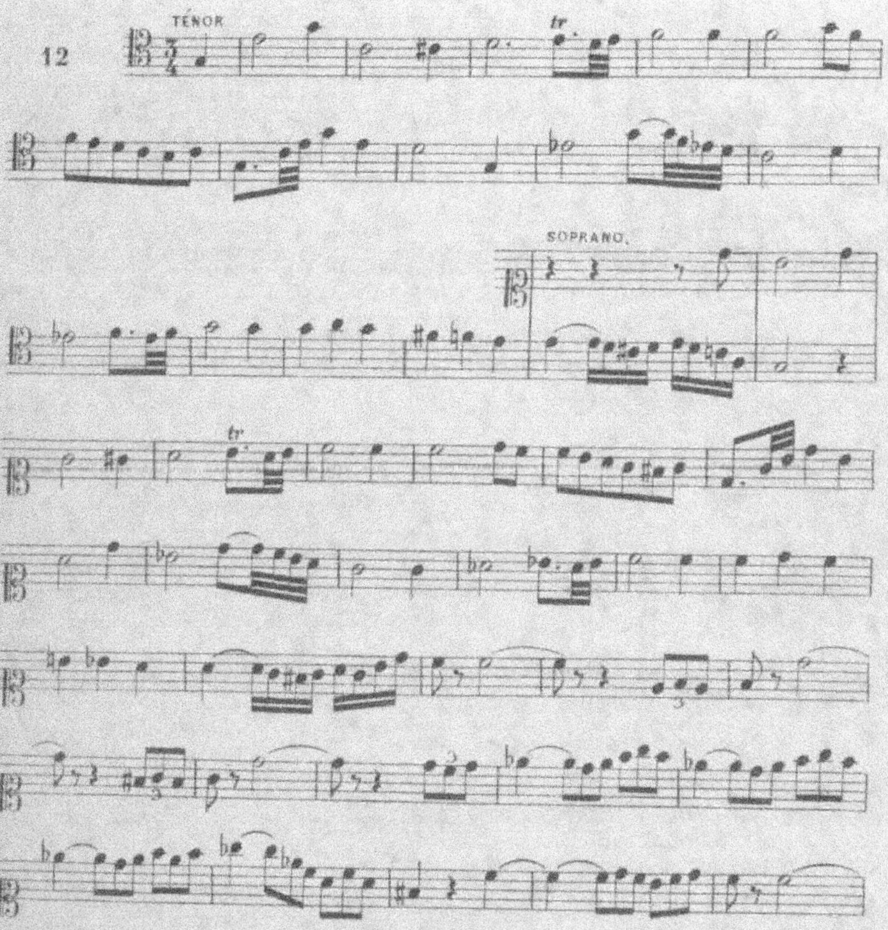

BASSE DONNÉE.

1847

13

CHANT DONNÉ.
1847
Allegretto.
14

BASSE ET CHANT DONNÉS RÉUNIS.

1848

17
BASSE DONNÉE
BASSE DONNÉE.
CHANT DONNÉ.
CHANT DONNÉ.
BASSE DONNÉE.
DONNÉ.
BASSE DONNÉE.
CHANT
BASSE DONNÉE.

BASSE DONNÉE

1850

16

Largo.
CHANT DONNÉ
1850
LEBORNE.
17
Moderato sostenuto.
dolce.
sf
f
dolce.
f
p
un poco ritenuto e diminuendo.

BASSE DONNÉE.

CHANT DONNÉ.

BASSE DONNÉE.

1852

LEBORNE

20

1852

CHANT DONNÉ.

25
LEBORNE.
1852
21
Allegretto.
dolce.
cresc.
f
p
f
dolce.
dolce.
rall.
a Tempo.
cresc.
p
cresc.
f
p
f
20245.

CHANT DONNÉ*

LEBORNE

* Concours d'Harmonie et accompagnement, (suite de la page 187)

CHANT DONNÉ.
(STYLE INSTRUMENTAL.)

1854

LEBORNE.

BASSE DONNÉE

1855

LEBORNE

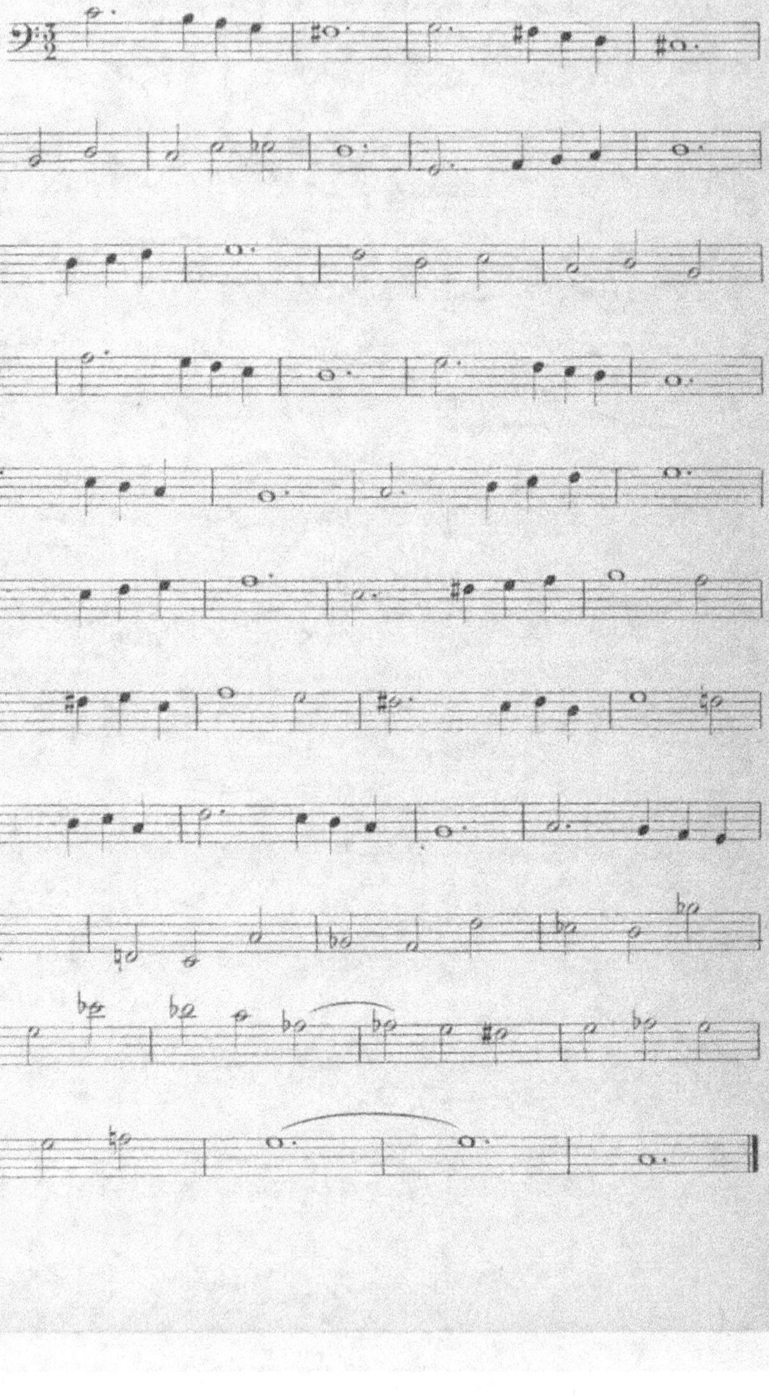

CHANT DONNÉ.

1855

LEBORNE.

BASSE DONNÉE.

1859

LEBORNE.

26

CHANT DONNÉ.

30
BASSE DONNÉE.
1860
LEBORNE
28

CHANT DONNÉ

1860   LEBORNE

BASSE DONNÉE.

1861

LEBORNE.

30

CHANT DONNÉ

1861   LEBORNE

31

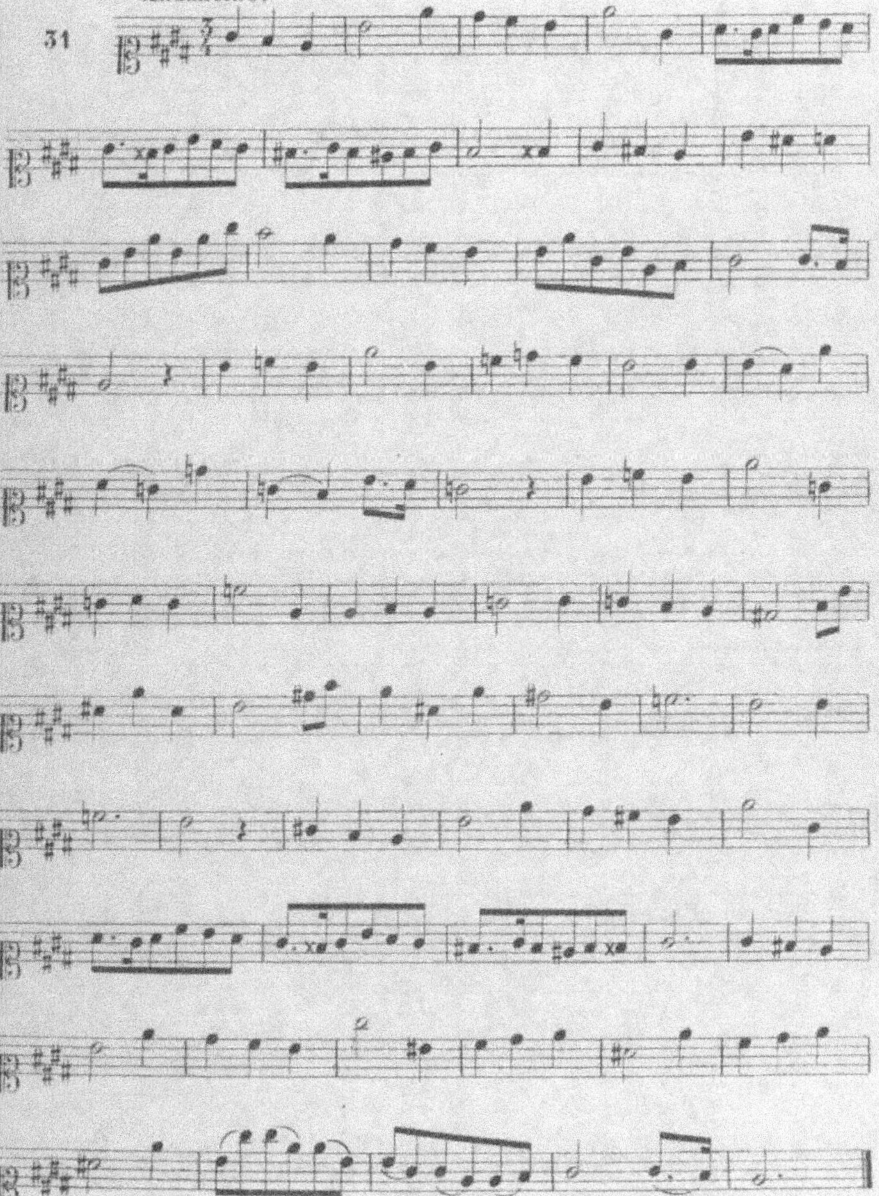

BASSE DONNÉE

1862

LEBORNE

32

CHANT DONNE

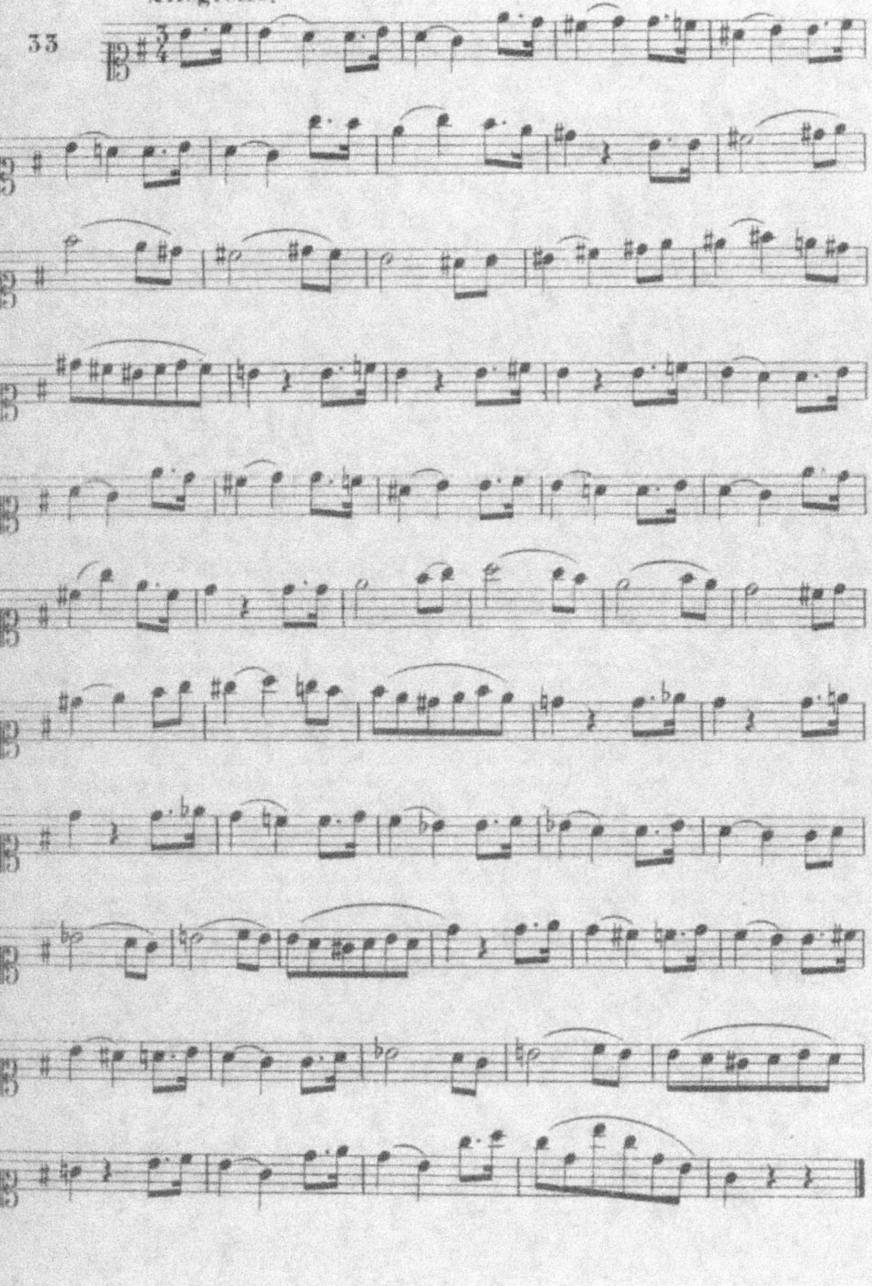

BASSE DONNÉE.

1863

LEBORNE.

34

CHANT DONNÉ.

1863

LEBORNE

35

BASSE DONNÉE

1864   LEBORNE

CHANT DONNÉ
39
1864
LEBORNE
Andante.
37

BASSE DONNÉE

1865

LEBORNE

38

CHANT DONNÉ.

1865   LEBORNE.

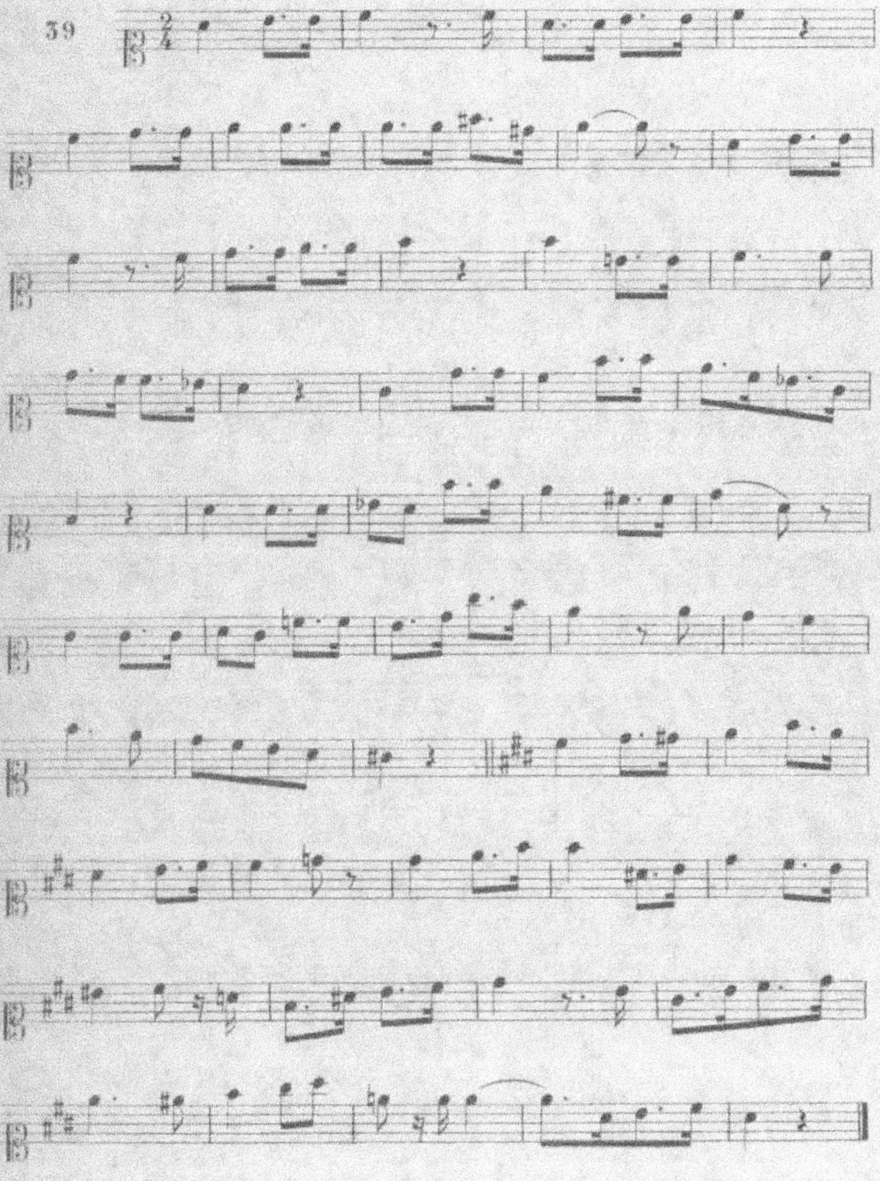

BASSE DONNÉE.

1866

BENOIST.

CHANT DONNÉ

1866   BENOIST

BASSE DONNÉE.

1867

BENOIST.

42

CHANT DONNÉ.

1867

BENOIST.

BASSE DONNÉE.

1868

BENOIST.

44

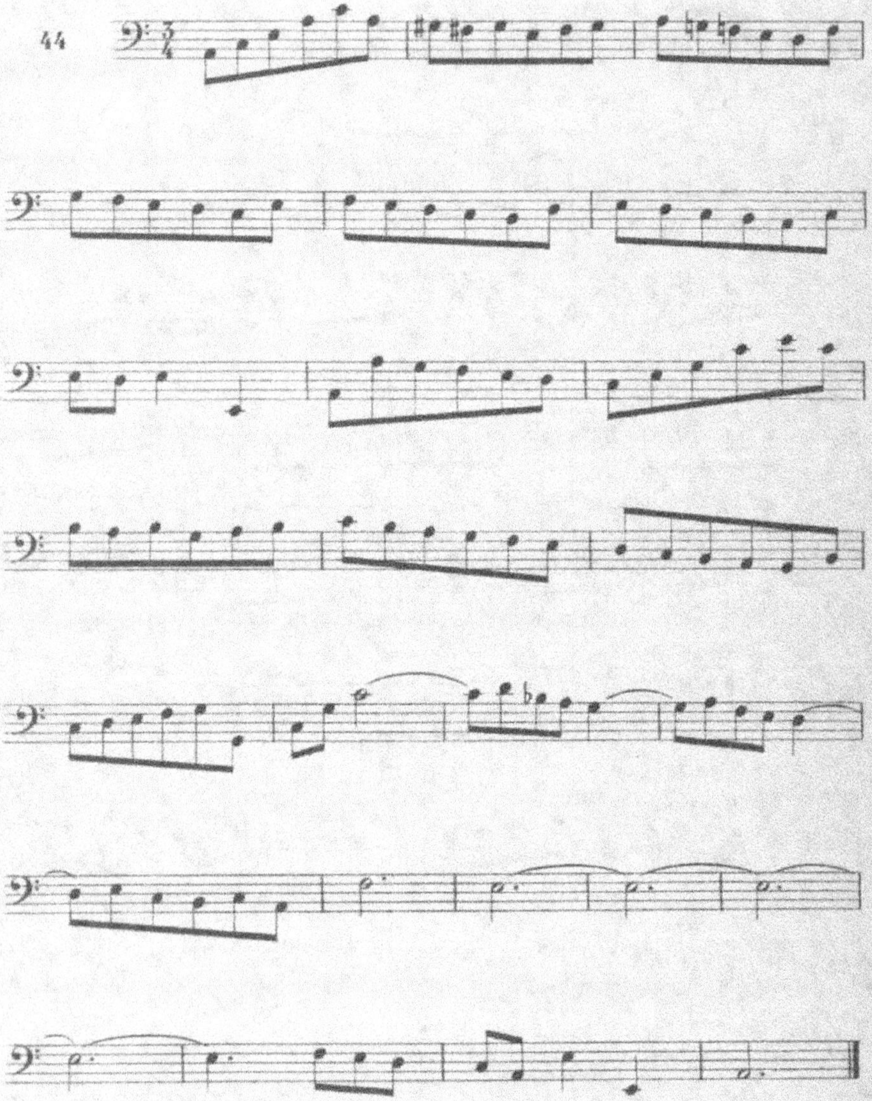

CHANT DONNÉ.

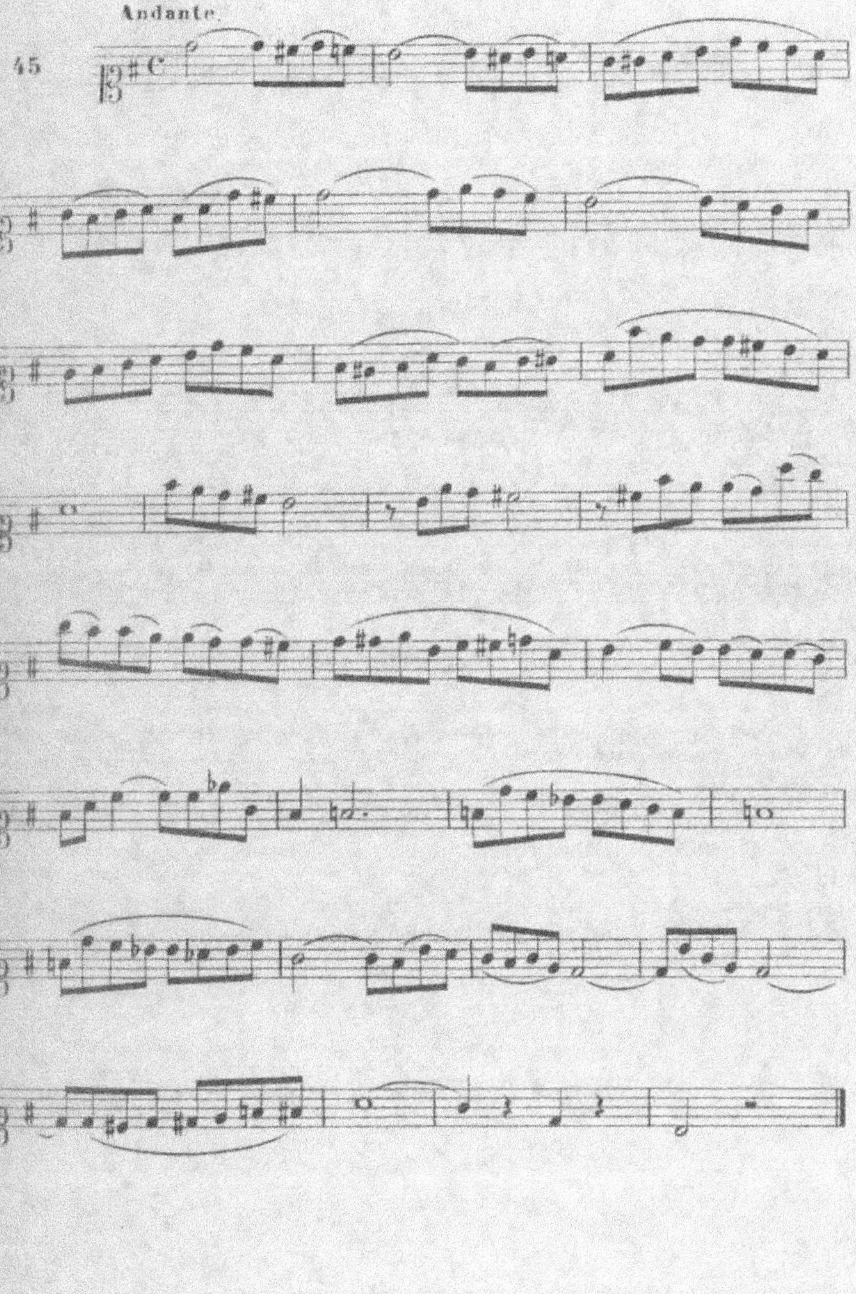

BASSE DONNÉE.

1869   BENOIST

46

CHANT DONNÉ.

1869

BENOIST.

BASSE DONNÉE.

CHANT DONNÉ.

1870
BENOIST.
Allegro Moderato.
49
mf
p
dim.
dol.
cresc.
dim.
mf
p
f
tr

BASSE DONNÉE.

1872

BENOIST.

50

CHANT DONNÉ.

1872

BENOIST

51

BASSE DONNÉE.

1873

BAZIN.

52

CHANT DONNÉ.

BASSE DONNÉE.

1874

BAZIN.

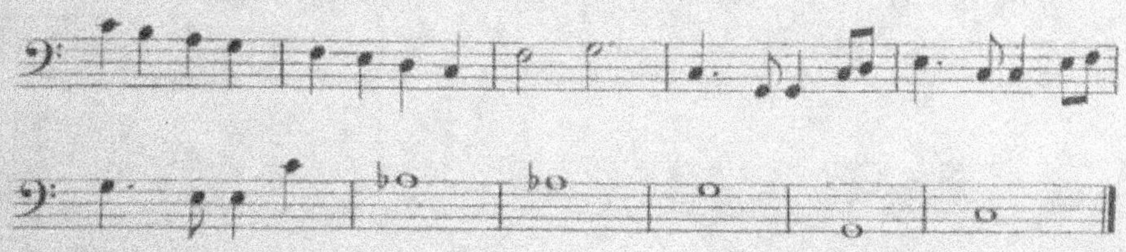

CHANT DONNÉ.
1874
A. THOMAS.
Moderato.
55

BASSE DONNÉE.

1875

BAZIN.

56

CHANT DONNÉ.
1875
A. THOMAS.
Andantino.
57
rit.

BASSE DONNÉE.

1876

C. FRANCK.

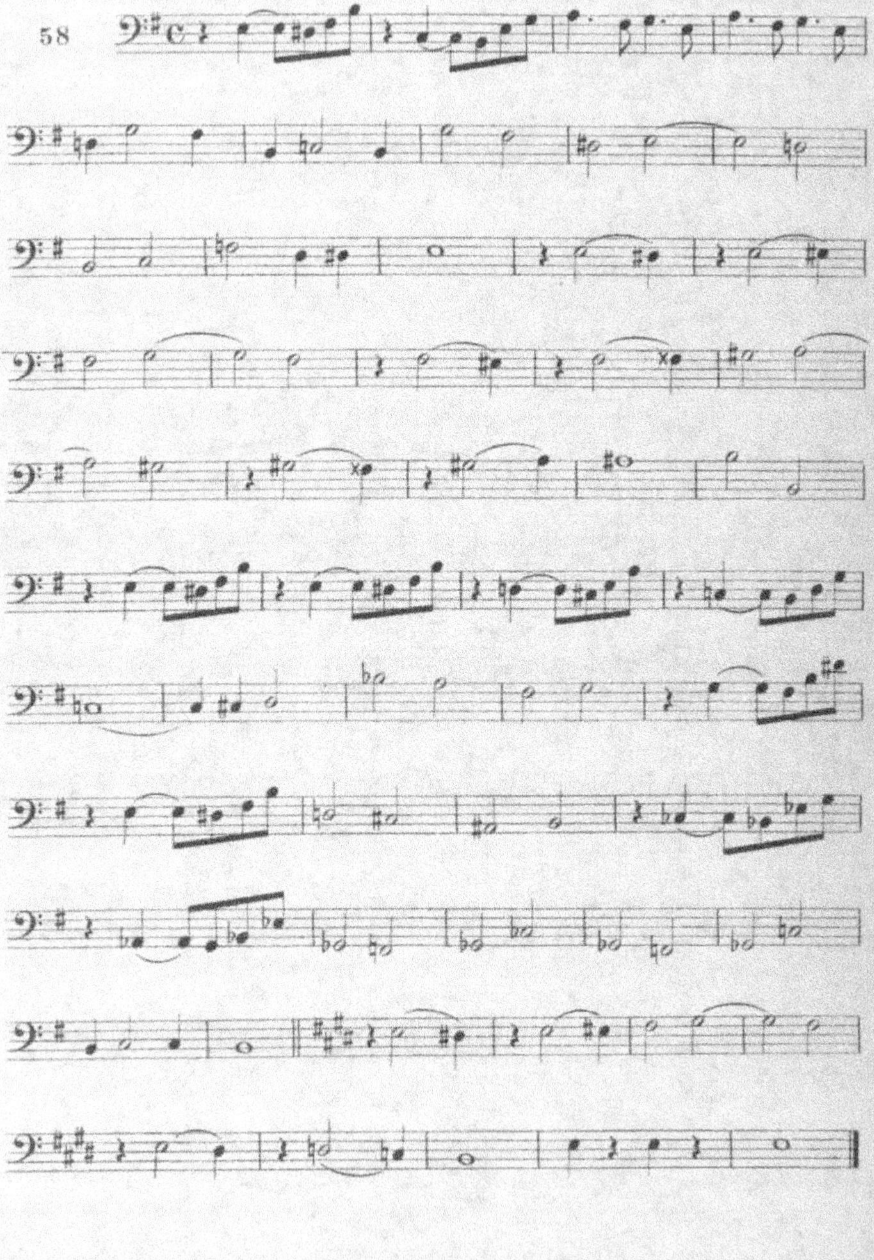

CHANT DONNÉ.

1876

C. FRANCK.

0245.

BASSE DONNÉE.

1877

FISSOT.

60

CHANT DONNÉ.

1877   FISSOT.

BASSE DONNÉE.

1878

GUIRAUD

CHANT DONNÉ.

1878   GUIRAUD

BASSE DONNÉE.

67
CHANT DONNÉ.
1879 (HOMMES).
GUIRAUD.
Allegretto.
65
poco riten.
a Tempo.
p

68
BASSE DONNÉE.
1879 (FEMMES)
Th. DUBOIS.
66

CHANT DONNÉ.

1879 (FEMMES)

Th. DUBOIS.

Andantino quasi Andante.

67

BASSE DONNÉE.

1880 (HOMMES)   L. DELIBES.

68

CHANT DONNÉ.

1880 (HOMMES)   L. DELIBES

69

rall.
a Tempo.
rall.

BASSE DONNÉE.

1880 (FEMMES)
L. DELIBES

CHANT DONNÉ.

L. DELIBES.

1880 (FEMMES)

BASSE DONNÉE.

1881 (HOMMES)

GUIRAUD

Moderato.

72

CHANT DONNÉ.

1881 (HOMMES)   GUIRAUD.

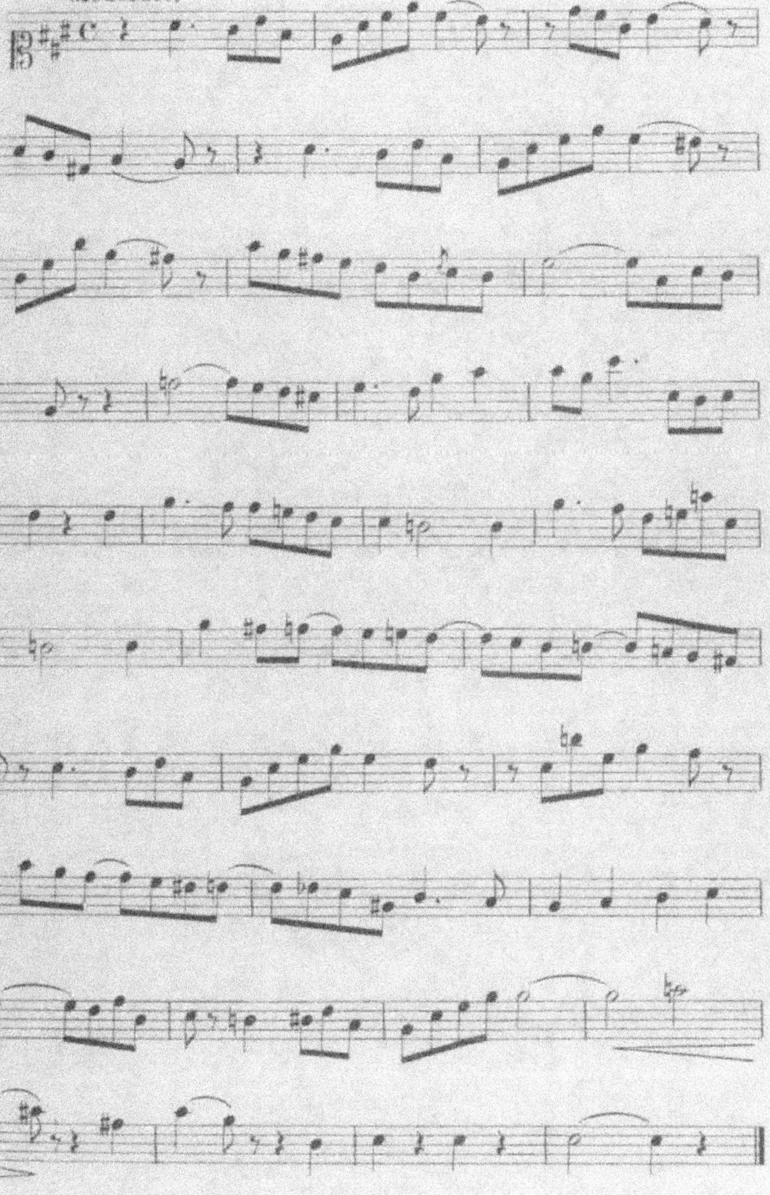

BASSE DONNÉE.

CHANT DONNÉ.

BASSE DONNÉE.

1882 (HOMMES)

GUIRAUD.

CHANT DONNÉ.

1882 (HOMMES)

GUIRAUD.

BASSE DONNÉE.

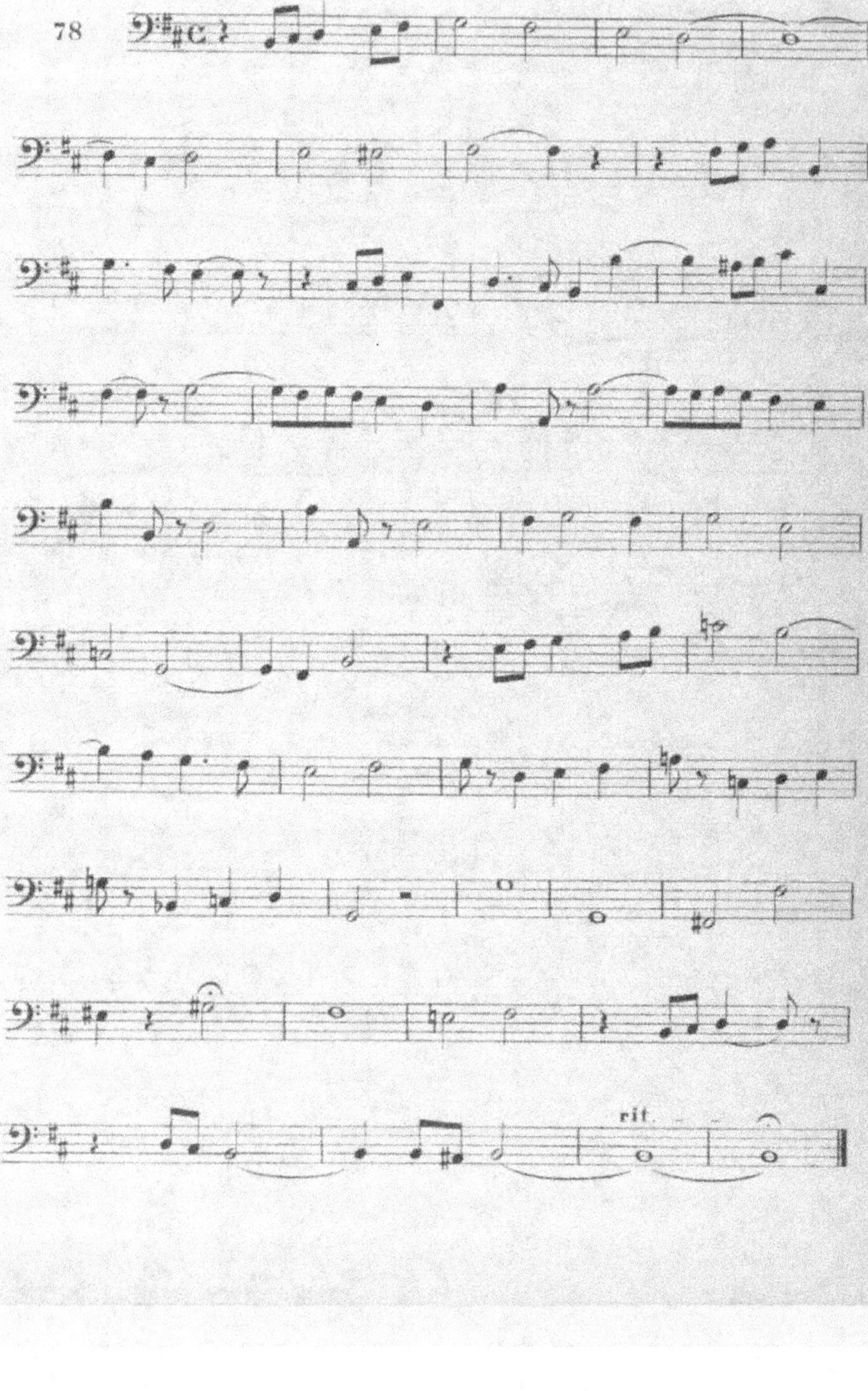

CHANT DONNÉ.

1882 (FEMMES)

Th. DUBOIS.

Andantino.
dolce express.

79

cresc.

dimin.

p

cresc.

dimin.

p

rit.

245.

BASSE DONNÉE.

1885 (HOMMES)

L. DELIBES.

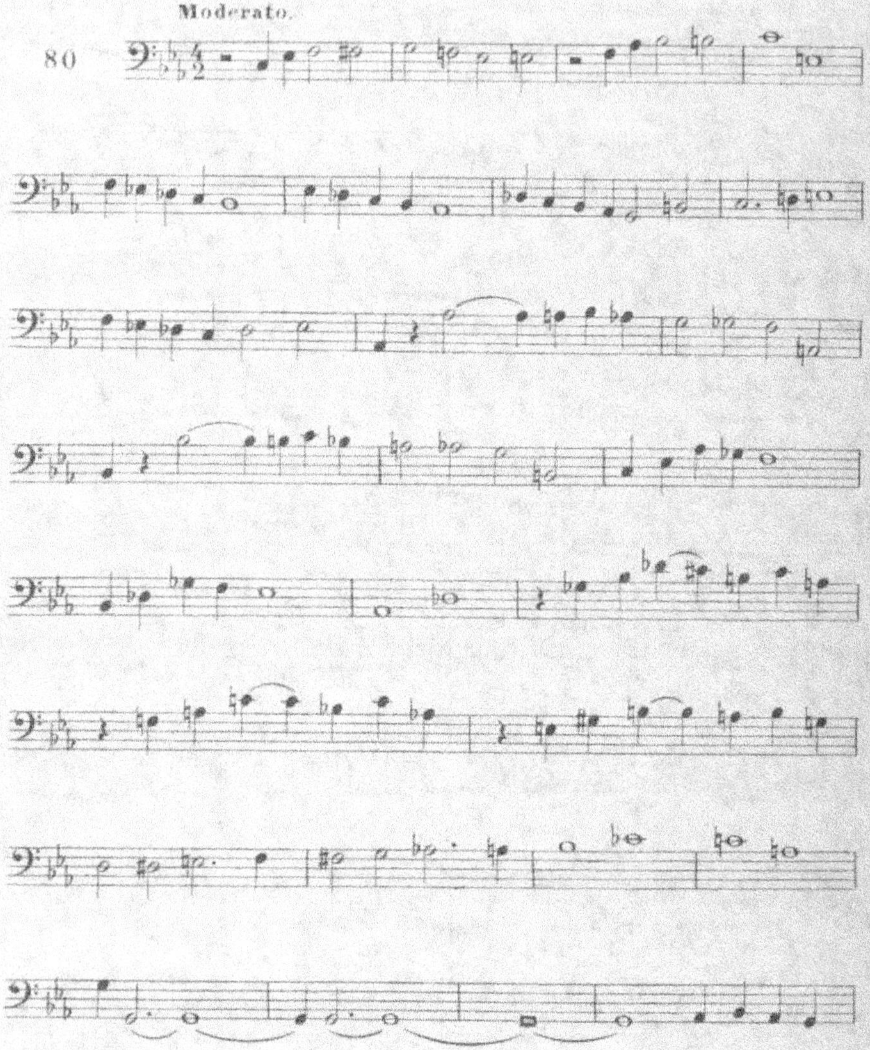

CHANT DONNÉ.

BASSE DONNEE.

1883 (FEMMES)

Th DUBOIS

CHANT DONNÉ.

Th. DUBOIS.

BASSE DONNÉE.

1884 (HOMMES)

H. FISSOT.

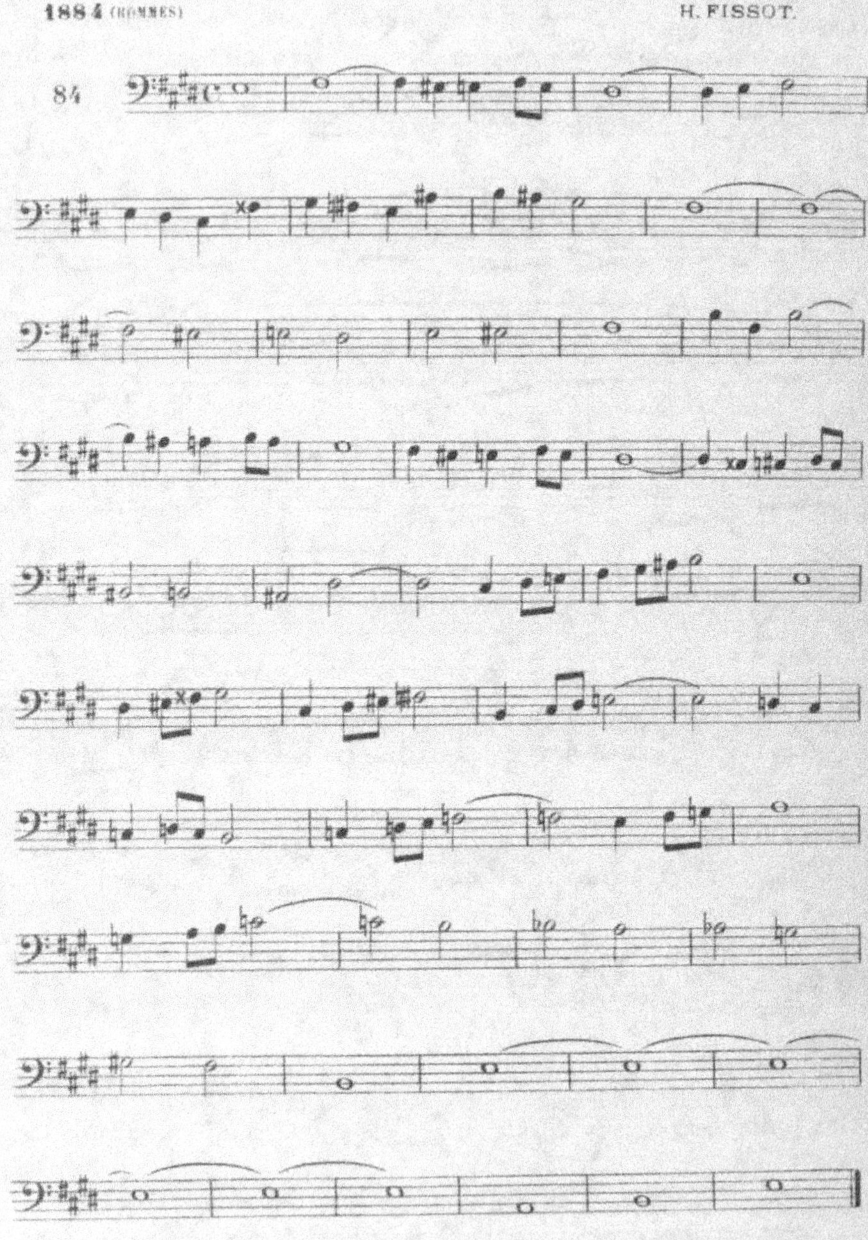

CHANT DONNÉ.

BASSE DONNÉE.

1884 (FEMMES)

L. DELIBES.

Tempo Giusto.

86

CHANT DONNÉ.

BASSE DONNÉE.

1885 (HOMMES)

E. GUIRAUD.

H.

CHANT DONNÉ.
91
1885 (HOMMES)
E. GUIRAUD.
Allegretto poco Andante.
89
p
cresc.
f
dim.
p
cresc.
dimin.
p

BASSE DONNÉE.

CHANT DONNÉ.

1885 (FEMMES)
Th. DUBOIS.
91

Andante.
dolce espress.
poco cresc.
dimin.
mf
dimin.
p
poco cresc.
dimin.
rit.
a Tempo.
p
p
cresc.
e
animato.
f
dim   e   calmato.
p
allarg.   e   dimin.   pp

BASSE DONNÉE.

1886 (HOMMES)

H. FISSOT.

CHANT DONNÉ.

1886 (HOMMES)

H. FISSOT.

BASSE DONNÉE.

1886 (FEMMES)

E. GUIRAUD.

CHANT DONNÉ.

E. GUIRAUD.

BASSE DONNÉE.

CHANT DONNÉ.

BASSE DONNÉE.

1887 (FEMMES)

Th. DUBOIS.

CHANT DONNÉ.

1887 (FEMMES)
Th. DUBOIS.
Andante espressivo.
99
dolce.
dimin.
f
dimin.
p
cresc.
dimin.
p

BASSE DONNÉE.

1888 (ROMBES)

GUIRAUD

CHANT DONNÉ.

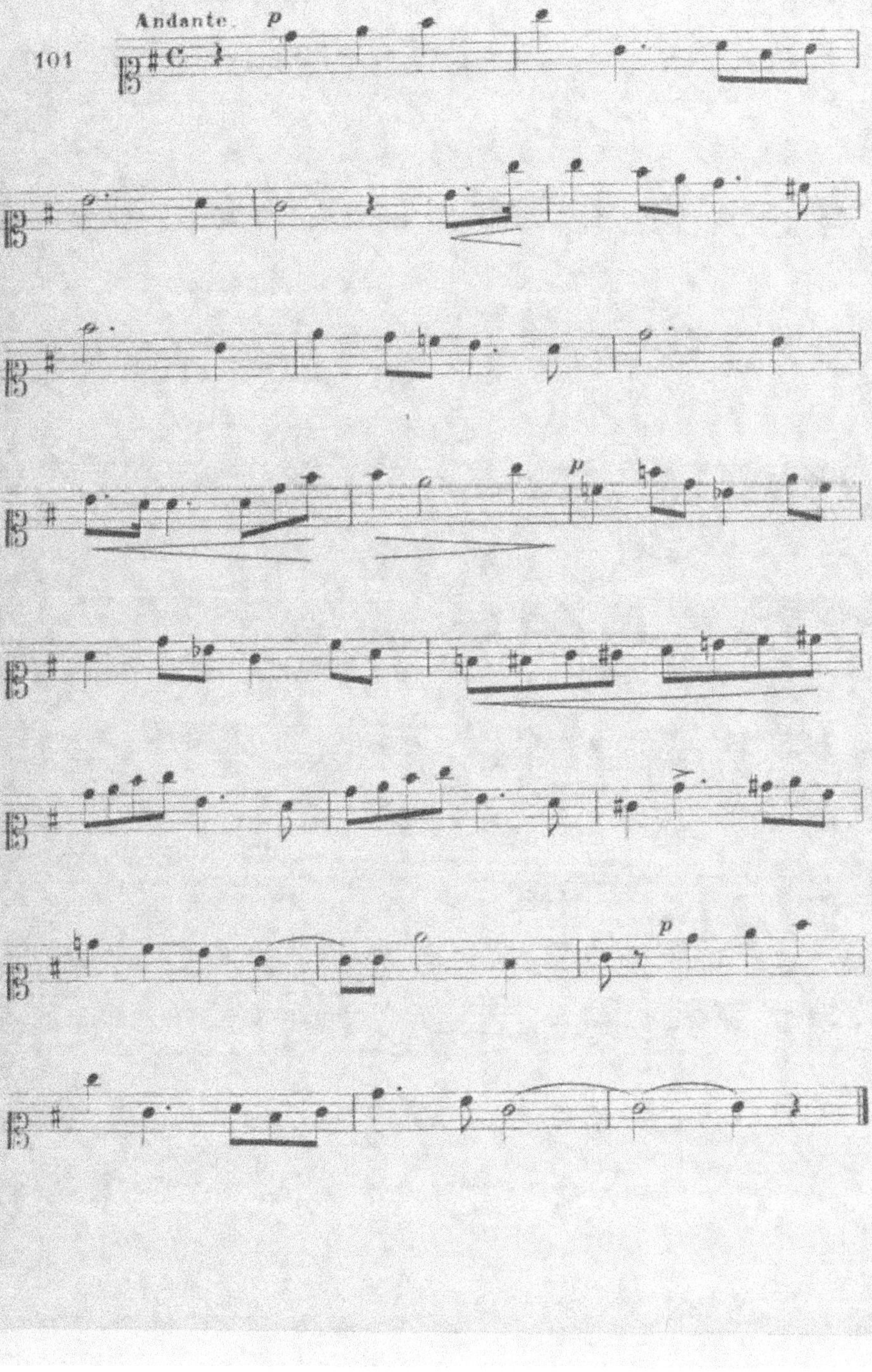

BASSE DONNÉE.

1888 (FEMMES)

Th DUBOIS

CHANT DONNÉ.

1888 (FEMMES)   A. THOMAS.

Andantino.

103

BASSE DONNÉE.

1889 (HOMMES)

L. DELIBES.

Très largement.

104

CHANT DONNÉ.

1889 (HOMMES)

L. DELIBES.

BASSE DONNÉE

1889 (FEMMES)

E. GUIRAUD.

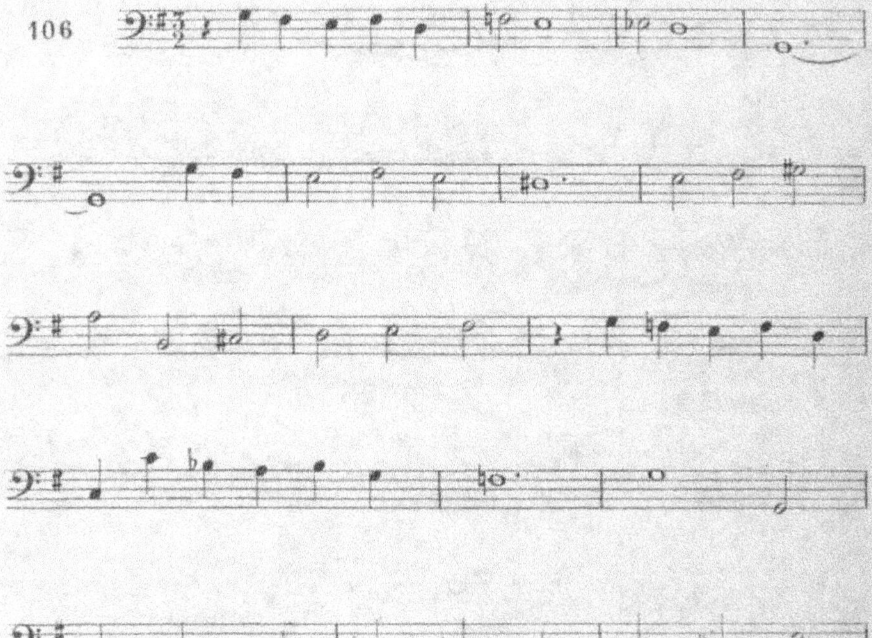

CHANT DONNÉ.
1889 (FEMMES)
E. GUIRAUD.
107
Allegretto.
p
f
diminuendo.
p
p
p
245.

BASSE DONNÉE.

1890 (HIVER)

H. FISSOT.

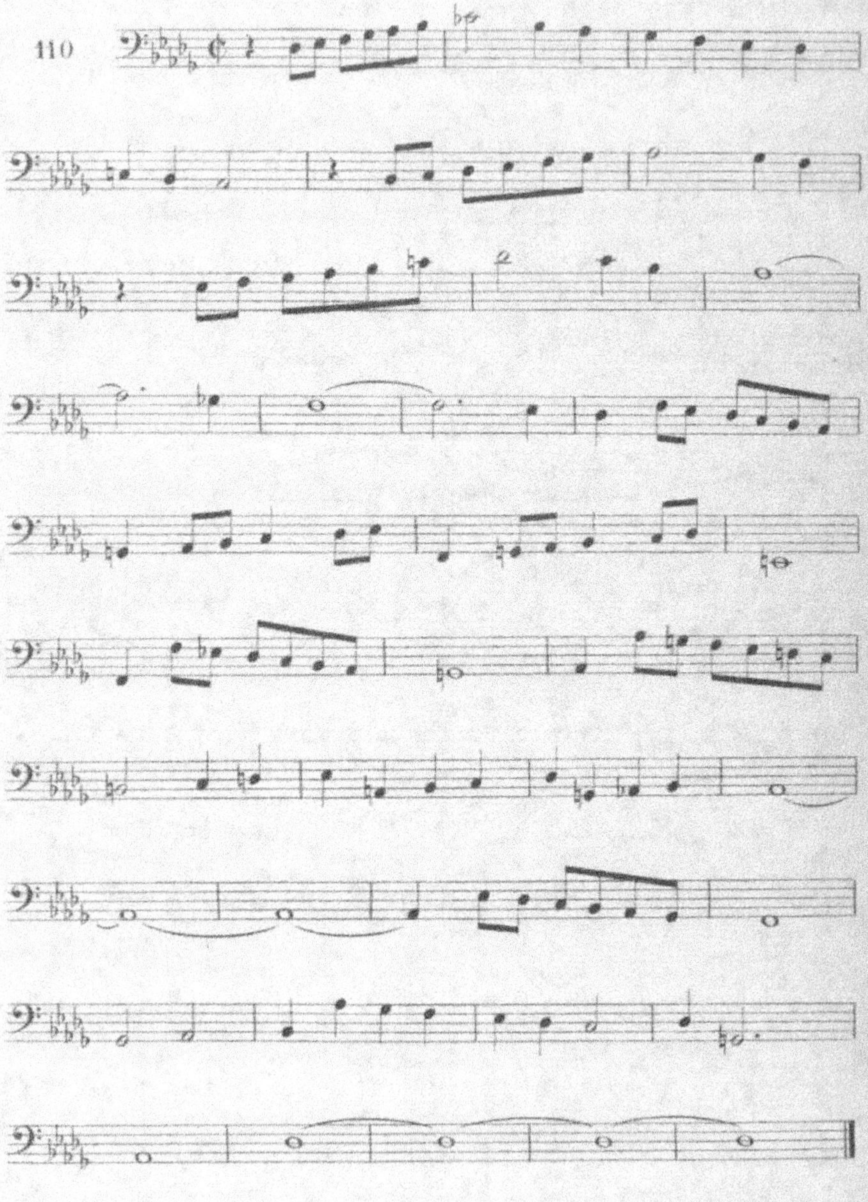

CHANT DONNÉ

H. FISSOT.

BASSE DONNÉE.

1891 (FEMMES)

Th. DUBOIS.

Moderato.

114

H.

CHANT DONNÉ.

BASSE DONNÉE.

1892 (FEMMES)

H. FISSOT.

CHANT DONNÉ.

1892 (FEMMES)

H. FISSOT.

BASSE DONNÉE.

1893 (FEMMES)

Th. DUBOIS.

CHANT DONNÉ.

1893 (FEMMES)

Th. DUBOIS.

BASSE DONNÉE.

1894 (FEMMES)

H. FISSOT.

126

CHANT DONNÉ.

BASSE DONNÉE.

CHANT DONNÉ.

122
BASSE DONNÉE.
1898 (FEMMES)
X. LEROUX.
Moderato.
142
f
p
cresc.
f
dim.
p
p
B. et C.

CHANT DONNÉ.

1898 (FEMMES)
X. LEROUX.
143
Andante.
pp
pp
dim.
pp
p
p
mf
p
pp
pp
f
p
pp
pp

CHANT DONNÉ.

1899 (FEMMES)

Ch. M. WIDOR.

2º

EXAMENS.

BASSES ET CHANTS ALTERNÉS.
(1872–1899)

1872

148

1873

149

C.D.
1874
150
B.D.
tr
C.D.

1875

151

1876

152

1877
153
B.D.
C.D.

1878

154

C.D.
1880
156
B.D.
C.D.

1881

1883
159
B.D.
C.D.

1884

160

1886
B.D.
Moderato.
162
2
C.D. Cantabile.
p
Cresc
f

1887
163
B.D.
Moderato.
C.D.
Cantabile.
1888
164
B.D.
Moderato.

C.D.
1889
R.D.
Moderato.
165
C.D.

1890

C.D.
1892
Th. DUBOIS.
E.D.
Moderato.
168
C.D.
rit.

1893

169

rit.
1895
FISSOT.
171
B.D.
C.D.

1896

Th. DUBOIS.

172

173

1897

Th. DUBOIS.

1898
Th. DUBOIS.
B.D.
Moderato.
174
rit.
C.D.
Andantino.
rit.
20245

1899

Th. DUBOIS.

CLASSES D'HARMONIE ET D'ACCOMPAGNEMENT

1.—CONCOURS

V.—BASSES ET CHANTS DONNÉS.

BASSE DONNÉE.

1828

176

BASSE DONNÉE.

1830

177

CHANT DONNÉ.

1830

178

BASSE DONNÉE.

1834, 1838

CHERUBINI.

179

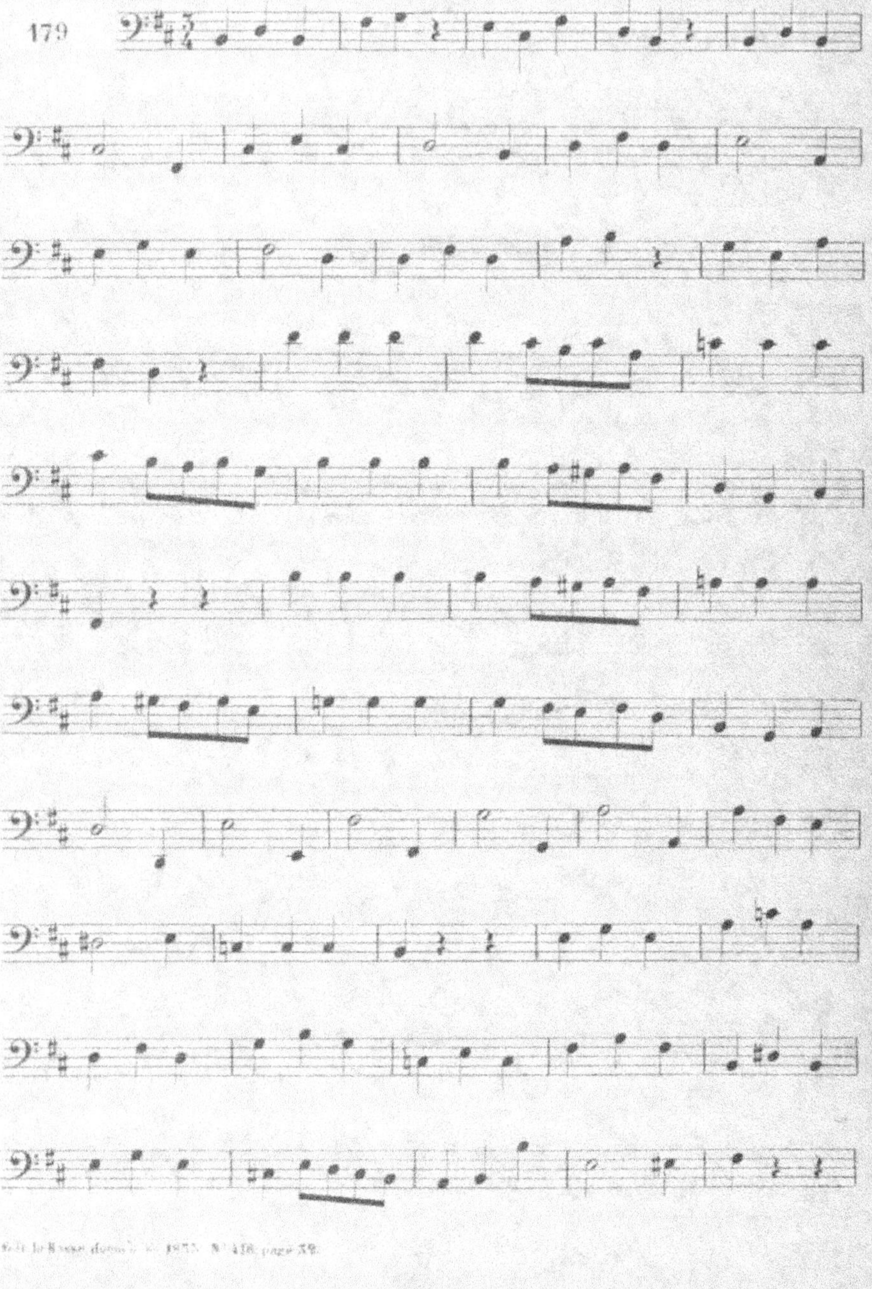

CHANT DONNÉ.

1834 1838 CHERUBINI.

180

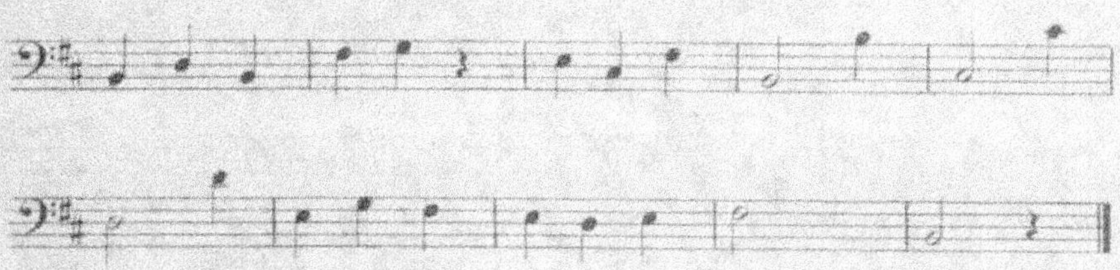

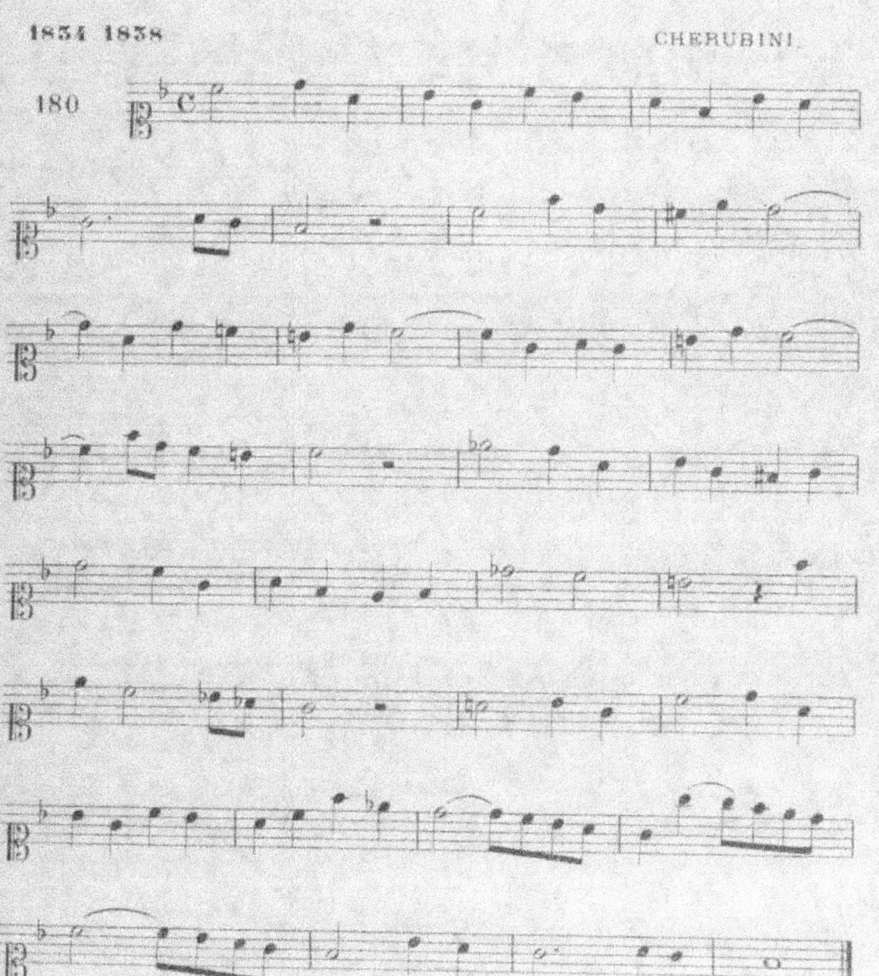

 Voir le Chant donné en 1835, N°417, page 324.

150
BASSE DONNÉE.
1836
CHERUBINI.
181

CHANT DONNÉ.

BASSE DONNÉE.

1837

183

CHANT DONNÉ.

1857

184

BASSE DONNÉE.

1839

185

CHANT DONNÉ.

1839

186

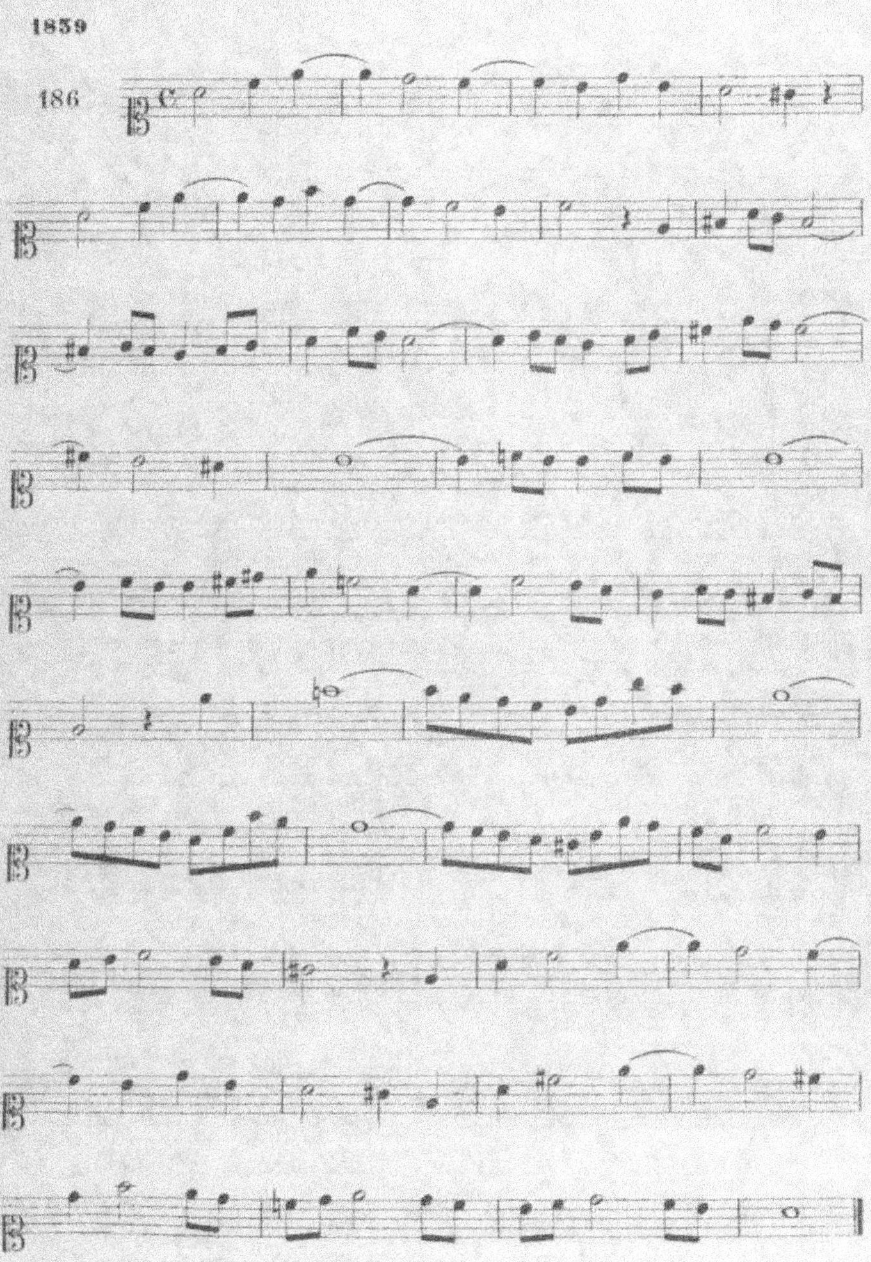

BASSE DONNÉE.

1842

HALÉVY.

187

CHANT DONNÉ.

BASSE DONNÉE.

1849

LEBORNE

189

CHANT DONNÉ.

BASSE DONNÉE.

1850

LEBORNE.

191

CHANT DONNÉ.

1850   LEBORNE.

192

BASSE DONNÉE.

1851

LEBORNE

193

Moderato.

Voir la Basse donnée en 1852 et 1853, N.os 418 et 419, pages 325 et 326.

CHANT DONNÉ.

1851
LEBORNE.
194
Allegretto.

tr
tr
Voir le Chant donné en 1852, N° 22, page 24,
et celui donné en 1853, N° 420, page 327.

BASSE DONNÉE.

1854   LEBORNE.

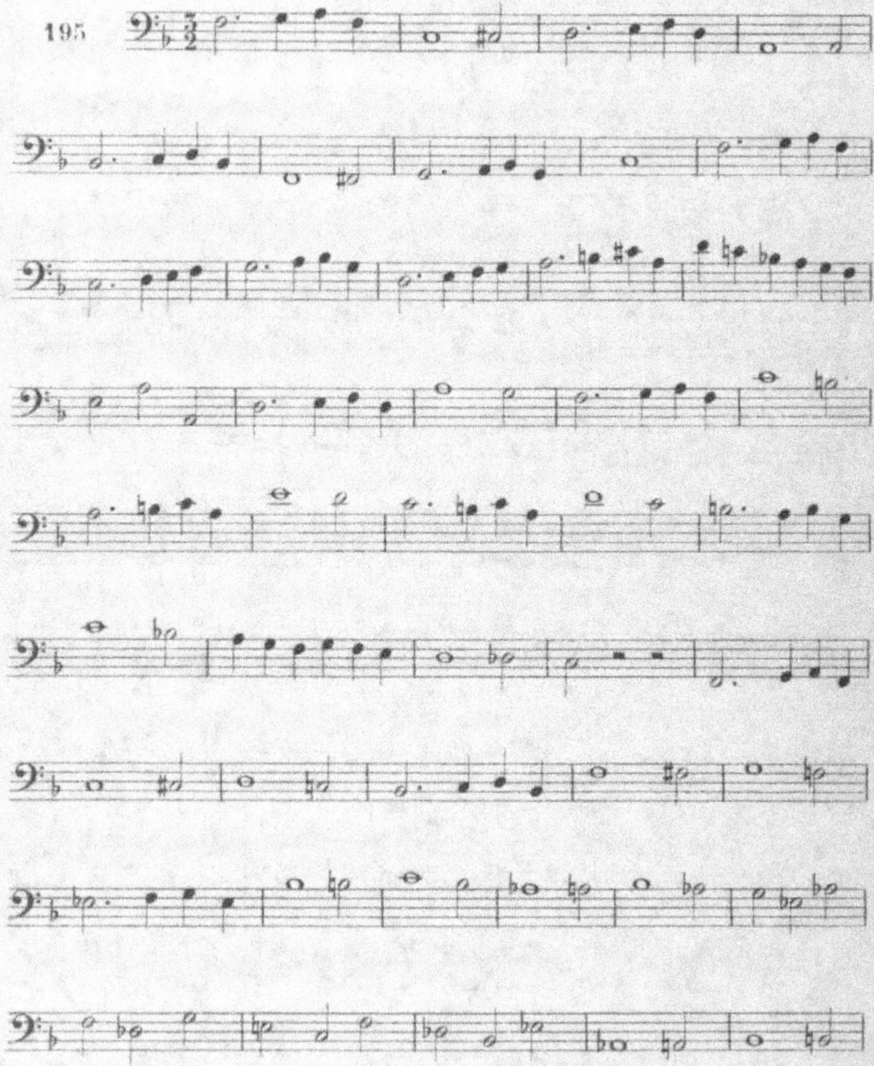

CHANT DONNÉ.

BASSE DONNÉE.

1856   LEBORNE.

197

CHANT DONNÉ.

1856

LEBORNE.

198

BASSE DONNÉE.

1857

LEBORNE.

199

CHANT DONNÉ.

BASSE DONNÉE.

1859

LEBORNE.

CHANT DONNÉ.

BASSE DONNÉE.

1861.   LEBORNE.

203

173
CHANT DONNÉ.
1861
LEBORNE.
Allegretto.
204
f
p
f
p
f
1245

BASSE DONNÉE.

1862   LEBORNE

205

CHANT DONNÉ.

BASSE DONNÉE.

1863   LEBORNE

207

CHANT DONNÉ.

1863   LEBORNE

208

BASSE DONNÉE.

CHANT DONNÉ.

1864

LEBORNE.

210

BASSE DONNÉE.

1865

LEBORNE.

211

CHANT DONNÉ.

1865

LEBORNE.

BASSE DONNÉE.

BENOIST

CHANT DONNÉ.

1866

BENOIST.

BASSE DONNÉE.

1867

BENOIST.

215

CHANT DONNÉ.

BASSE DONNÉE.

1868   BENOIST.

CHANT DONNÉ.

1868   BENOIST.

187
cre
cresc
do.
ff
rall.
ff

BASSE DONNÉE.

1869

BENOIST

CHANT DONNÉ.

1869

BENOIST

BASSE DONNÉE.

1870.   BENOIST.

CHANT DONNÉ.

1870
BENOIST.
222
Andante.
cresc.
dim.
cresc.
dim.
cresc.
dim.
cresc.
dim.

BASSE DONNÉE.

1872   BENOIST.

CHANT DONNÉ.

BASSE DONNÉE.

1873 BENOIST.

225

CHANT DONNÉ.

BASSE DONNÉE.

1874

Th. DUBOIS.

CHANT DONNÉ.

1874

Th. DUBOIS.

228

BASSE DONNÉE.

1875

Th. DUBOIS.

CHANT DONNÉ.

Th. DUBOIS.

200
BASSE DONNÉE.
1876
C. FRANCK.
Moderato.
251

H. L.

CHANT DONNÉ.

BASSE DONNÉE.

1877   FISSOT.

CHANT DONNÉ.

BASSE DONNÉE.

CHANT DONNÉ.

1878 — L. DELIBES.

236. Moderato.

CLASSES D'HARMONIE ET D'ACCOMPAGNEMENT (1830-1878).

CLASSE D'ACCOMPAGNEMENT AU PIANO (1879-1899).

a_CONCOURS.

2º BASSES CHIFFRÉES.

18..
239

18..

240

1834, 1838

241

243

1836

243

18..

244

1839
245

1840

1844

248

1845

LEBORNE

249

Allegretto.

1846

LEBORNE

Allegro agitato.

250

LEBORNE.

1848,1866

LEBORNE

252

1850
LEBORNE.(?)
253

1851
LEBORNE.
254
Allegro.

1852

LEBORNE (?)

255

1854, 1867

HEROLD

1856

LEBORNE.

1857
LEBORNE.
258
245.

1858,1870.

LEBORNE.

259

1859
Allegro.
LEBORNE.
260

1860 LEBORNE.

261

1861

LEBORNE.

262

1862

LEBORNE.

263

1865, 1868
LEBORNE.
264

1864

LEBORNE

265

1865, 1869.
LEBORNE.
266

1872 (HOMMES)   BENOIST.

267

1872 (FEMMES)   BENOIST.

268

1875 (HOMMES)
Th. DUBOIS.
269

236
1873 (FEMMES)
Th. DUBOIS.
270

1874 (HOMMES)
Th. DUBOIS.
271
1874 (FEMMES)
Th. DUBOIS.
272

1875 (HOMMES) Th. DUBOIS.

Th. DUBOIS.
1876 (HOMMES)
Moderato.
275

1876 (FEMMES) Th. DUBOIS

Allegretto.

276

1877 (HOMMES) Th. DUBOIS.

277

1877 (FEMMES)
Th. DUBOIS.
278
unissons

1878 (HOMMES)
Th. DUBOIS.
Allegretto.
279
1878 (FEMMES)
Th. DUBOIS.
Moderato.
280

1879 Th. DUBOIS.

1880 (HOMMES) Th. DUBOIS.

1880 (FEMMES)

Th. DUBOIS.

283

Andantino

1881

Th. DUBOIS.

284

Allegro Moderato.

245
1882
Th. DUBOIS
Moderato.
285
unissons
245

1885

Th. DUBOIS.

286

1884

Th. DUBOIS.

287

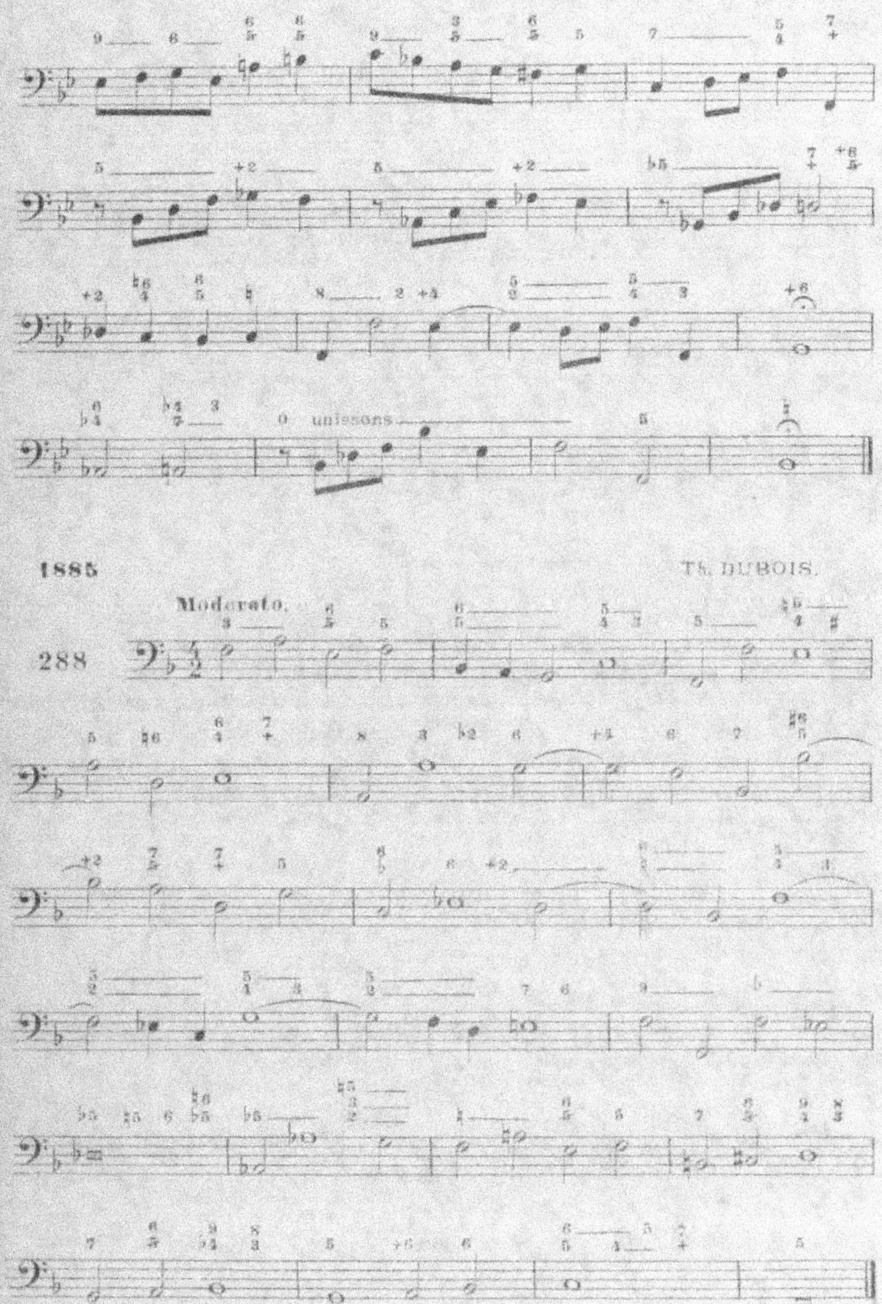
1885
Th. DUBOIS.
288
Moderato.
0 unissons

1886

Th. DUBOIS.

1887

Th. DUBOIS

1888
Th. DUBOIS.
291
Moderato.
1889
Th. DUBOIS.
292

1890
Th. DUBOIS.
Andantino.
293
1891
Th. DUBOIS.
Moderato.
294

1892

Th. DUBOIS.
Allegretto.
295
1893
Th. DUBOIS.
Moderato
296
1894
Th. DUBOIS.
297

CLASSE D'ACCOMPAGNEMENT AU PIANO

a_CONCOURS.

3ᵉ CHANTS DONNES.

1879

A. THOMAS.

1880

A. THOMAS.

f
3
dimin. p
dimin.
1881
A. THOMAS.
Andante.
305

1882
A.THOMAS.
Andantino.
306
f
p
f
cre — — — scen — — do
f
dimin.
p
cresc.
f
p

1883

A.THOMAS.

307

20245.

1884.

A.THOMAS.

308

1885

A. THOMAS.

1245.

1886

A.THOMAS.

310

1887

A.THOMAS.

311

cresc.
f
dim.
p
1888
A. THOMAS.
Andantino con moto.
312
f
p
f
3 3 3 3
3 3
p
cresc.
f
dim.
p
sf
3 3 3
sf
f
p
f
f

1889
A. THOMAS
Moderato.
Tempo di Marcia.
313
f
cresc.
p
f
cresc.
p
cresc.
f
f
cresc.
ff

1890
A. THOMAS.
314
Moderato, Tempo di Marcia.
26245

1891
A. THOMAS.
315
Andantino.

1892
Th. DUBOIS.
Allegretto
316
poco rit.
a Tempo.
tr
cre — scen — do
tr
f
f
p
cresc.
poco
a
poco
tr
f
dim.
poco rit.
p a Tempo
tr
p
20245

1893
Andante
A. THOMAS.
317
p
1894
Mouv! de Polonaise.
A. THOMAS.
318

1895
A.THOMAS.
319
Andantino

1896
Th DUBOIS.
Moderato, bien rythmé
320
p
cre
scen
do
tr
f
tr
ff
p
cantabile, dolce
cre
scen
do
fp
p
f
p
ff

1897
Th. DUBOIS.
321
Andante.
dolce

1898
Th. DUBOIS.
322
Moderato.
f
cantabile.
p
rit.
a Tempo
f
dimin.
f

1899
Th. DUBOIS.
323
Andante.
Moderato.
cresc.
p
f
p
f

CLASSES D'HARMONIE ET ACCOMPAGNEMENT.
CLASSE D'ACCOMPAGNEMENT AU PIANO.

b — EXAMENS.
1° BASSES CHIFFRÉES.

1843

324

1855

325

1872 JUIN
Moderato.
326

1873 JUIN (HOMMES)
Th. DUBOIS.
327

1875 JUIN (FEMMES)
E. DURAND.
Moderato.
328

1874 JUIN (ROMMEN)
Th. DUBOIS.
Tempo Giusto
329

1874 JUIN (FEMMES)

330

1877 JANVIER

1880 JUIN.
333
1881 JANVIER.
334
1881 JUIN.
Andantino.
335

1882 JANVIER.
Andantino.
336

1882 JUIN.
Moderato.
337
1883 JANVIER
GUIRAUD.
338

1883 JUIN.
Th. DUBOIS.
339
1884 JUIN.
Th. DUBOIS.
Andantino.
340

1885 JANVIER.
Th. DUBOIS.
Moderato.
341
1885 JUIN.
Th. DUBOIS.
342

1886 JANVIER.
Th. DUBOIS.
343

1886 JUIN.
Th. DUBOIS.
344

1887 JANVIER.
GUIRAUD.
345

1887 JUIN.
Th. DUBOIS.
346
uniss.
uniss.

1888 JANVIER.
Th. DUBOIS.
Moderato
347
allargando.
1888 JUIN.
Th. DUBOIS.
348

1889 JANVIER.   Th. DUBOIS.

349

1889 JUIN.   Th. DUBOIS.

350

1890 JANVIER
Th. DUBOIS.
Moderato.
351
1890 JUIN.
Th. DUBOIS.
Moderato.
352

1891 JANVIER.

Th. DUBOIS.

Moderato.

353

1891 JUIN.
Th. DUBOIS.
Allegro Moderato, bien rythmé.
354
rit.

1892 JANVIER.
Th. DUBOIS.
Moderato.
355

1892 JUIN.

Th. DUBOIS.

356

1893 JANVIER
Th. DUBOIS.
Andante.
357
1893 JUIN.
Th. DUBOIS.
358

1897 JANVIER.
X. LEROUX.
Moderato.
365

CLASSE D'ACCOMPAGNEMENT AU PIANO

b.— EXAMENS.

2° CHANTS DONNÉS.

1879 FÉVRIER.

1880 FÉVRIER.
A. THOMAS.
Allegretto.
374
1880 JUIN.
Andantino.
375
Allegro.

1881 JANVIER.

376

1881 JUIN.

A. THOMAS.

377

Andantino.

1882 JANVIER
Moderato.
378
riten.
1882 JUIN.
Moderato.
379

1883 JANVIER
A. THOMAS.

380

1883 JUIN
A. THOMAS.

Marche Moderato.

381

1884 JANVIER.
A. THOMAS.
Moderato.
382
1884 JUIN.
A. THOMAS
Andante.
383
Allegretto.
rit.
f
f
f
p
rit.
dimin.

1885 JANVIER.

A. THOMAS.

384 Andantino con moto.

crosc.
f
dimin.
p
tr
tr
pp
tr
tr
tr
tr
1886 JANVIER.
Andantino.
A THOMAS
386

1886 JUIN
A. THOMAS.
387 
1887 JANVIER.
A. THOMAS.
Marche.
388

1887 JUIN.
A. THOMAS.
389
Moderato.
mf
p
cresc.
f
p
cresc.
p
f
dim.

1888 JANVIER.
A. THOMAS.
Moderato.
390 
mf
1888 JUIN.
A. THOMAS.
Andante.
391
dim.
f

dimin.
cresc.
dim e poco rit.
1889 JANVIER
A. THOMAS.
Andante
392
f
p
f
p
cresc.
dimin.
p

1889 JUIN. A.THOMAS.

393

riten
a tempo.
1890 JUIN.
A. THOMAS.
Moderato.
395
f
dim.
p
f

1891 JANVIER

A. THOMAS.

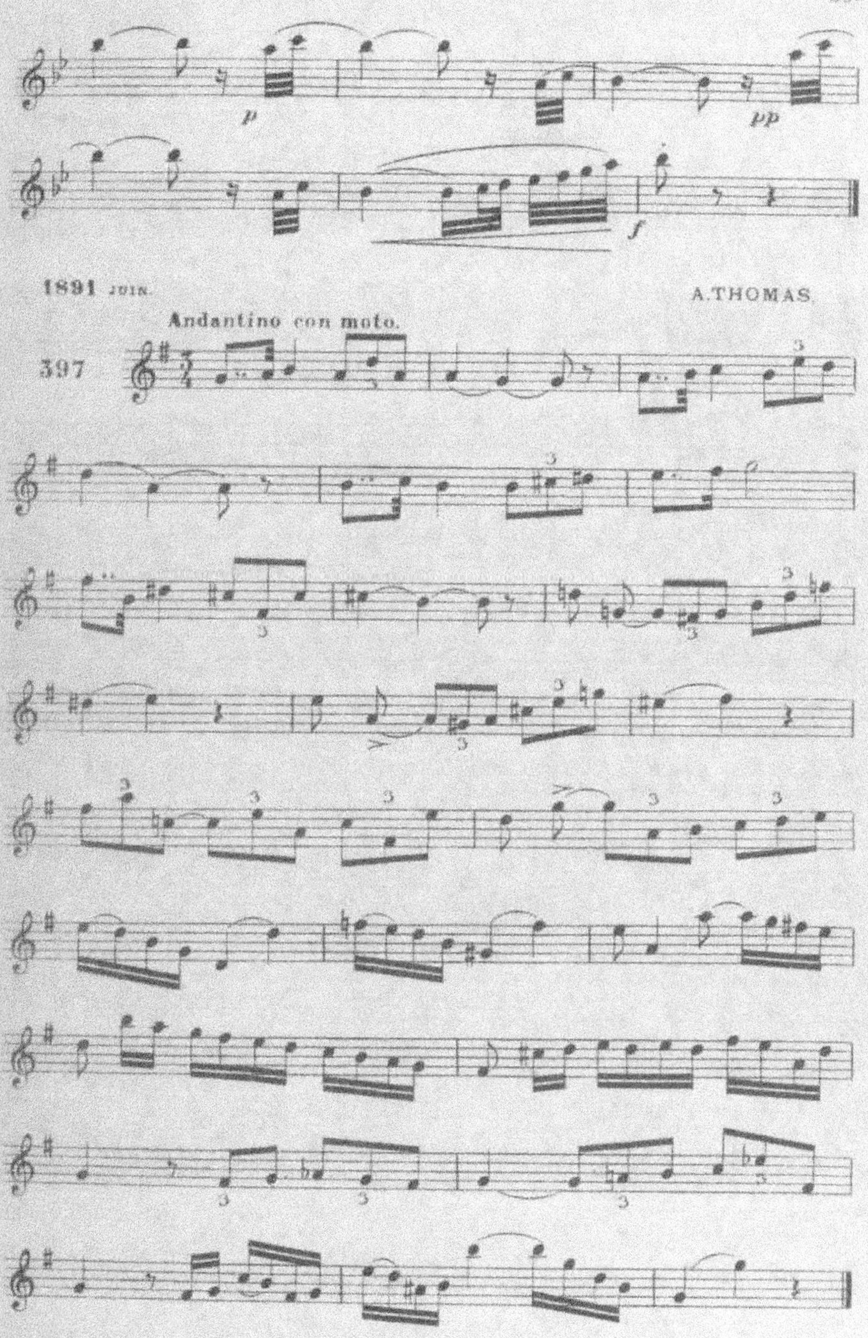
p
pp
f
1891 JUIN.
A. THOMAS.
Andantino con moto.
397
3
3
3
3
3
3
3
3
3
3
3
3

1892 JANVIER.
A. THOMAS.
Andantino.
398
a Tempo.
f
dimin.
rit
cresc.
p
1892 JUIN.
Th. DUBOIS
Andantino.
399
p

1893 JANVIER.
A.THOMAS.
Andantino con moto.
400

1893 JUIN.

A. THOMAS.

Moderato.

401

1894 JUIN.
A. THOMAS
Allegro Moderato.
403
p
cresc.
f
p
f

1895 JANVIER.
A. THOMAS.
Moderato
404
1895 JUIN.
A. THOMAS.
Andantino con moto.
405
p
cresc.

f
cresc.
dimin
p
p
f
1896 JANVIER.
A. THOMAS
Andante.
406

316
1896 JUIN.
Th. DUBOIS
Andantino.
407
p

317
1897 JANVIER.
Th. DUBOIS
Moderato bien rythmé.
408
f
p
p
f
cresc.
8
trém
trém
cresc.
8
cresc.
trém
sempre   cresc.
0245

1897 JUIN.
Th. DUBOIS
Allegretto.
409
p léger.
chanté
f
dolce.
1898 JANVIER.
Th. DUBOIS.
Andante.
410
p
f

cresc.
rit _ _ _ _ _ a Tempo
f
p
f
p
1898 juin.
Th. DUBOIS.
Andantino.
411
p
poco cresc. _ _ _ _
p
cresc. _ _ _ _
cresc.
f
p
rit _ _ _ _ _ _

1899 JANVIER.
Th. DUBOIS.
Moderato.
412
cresc
a Tempo.
poco rit.
1899 JUIN.
Th. DUBOIS
Allegro Moderato.
413

Th. DUBOIS.
1900 JANVIER.
Moderato.
414
poco cres
cen do.
sostenuto cantab.
rit.
a Tempo.

BASSE DONNÉE.

BASSE DONNÉE.

CHANT DONNÉ.

BASSE DONNÉE.

1852

418

BASSE DONNÉE.

1855

419

CHANT DONNÉ.

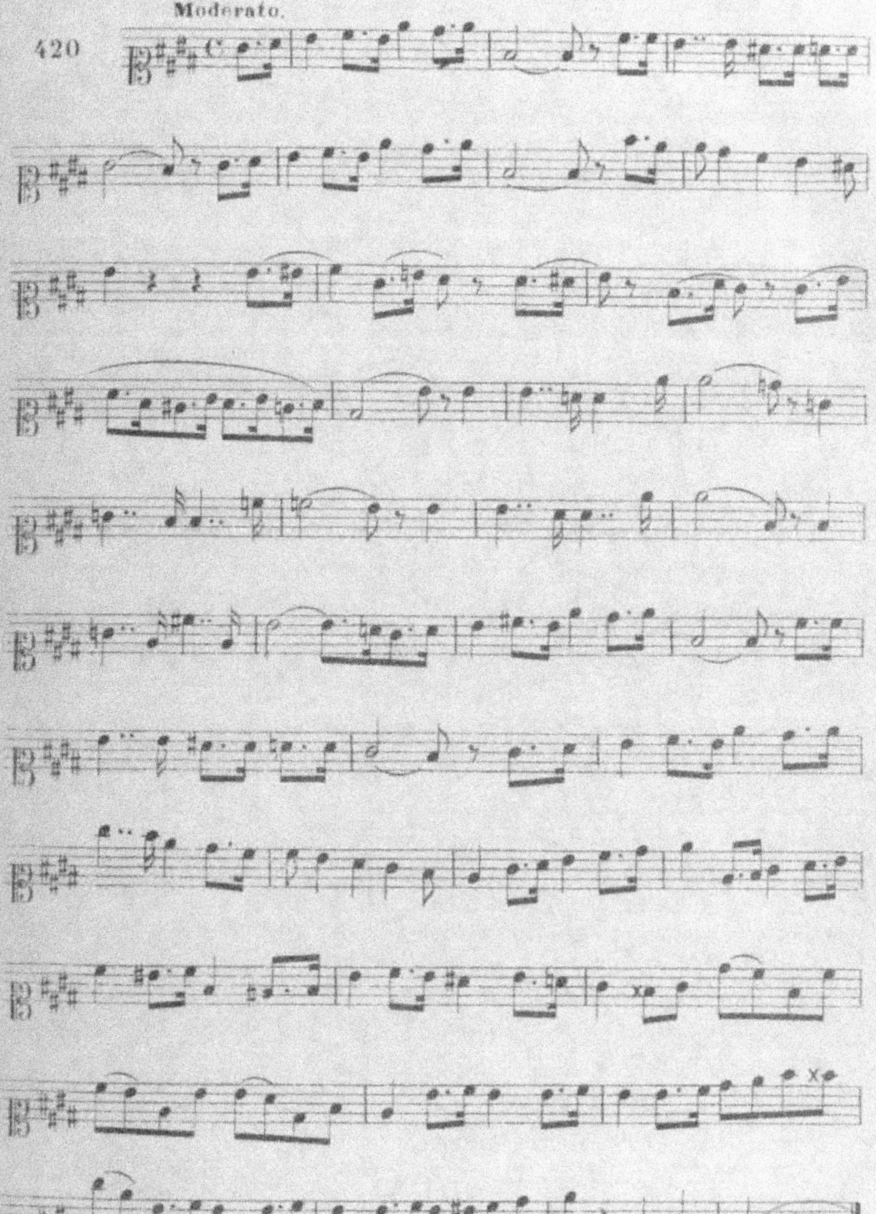